누구나 저마다의

불황을 기회로, 부정을 긍정으로 만든 강소기업 솔고 이야기

실패를 안고 산다

21세기 강소기업 VOL. 1

누구나 저마다의

불황을 기회로, 부정을 긍정으로 만든 강소기업 솔고 이야기

실패를 안고 산다

온돌 김서곤 지음

따뜻함, 그것이
우리에겐 필요하다

언젠가 나이 여든이 넘으면 지난날을 돌아보고 내 삶의 흔적과 추억을 정리해보고 싶었다. 그런데 내가 예상했던 때보다 빨리 그럴 기회가 왔다. 문학동네 출판그룹의 휴먼큐브에서 '강소기업 시리즈'를 기획하는데, 그 첫 번째 회사로 우리 솔고를 선정했다고 연락이 온 것이다. 중소기업에 불과한 우리 회사를 강소기업强小企業에 선정한다니 영광스러운 일이다. 하지만 책을 써서 누구에게 보여줄 만한 자랑거리도 없고, 또 쓰더라도 지금은 때가 아니라는 생각에 많이 망설였다.

그런데 좋은 기회가 왔으니 이번에 책을 써보는 게 어떻겠냐고 주위에서 강권하여 이렇게 용기를 내게 되었다. 내 나이가 올해로 일흔넷이 되었으니 종심從心을 훌쩍 넘었는데도, 나는 이제 겨우 불혹不惑 수준에

나 다다랐을까 생각해본다. 그다지 내세울 것도 없고 세상이 알아줄 만큼 성공을 거둔 것도 아닌데, 막상 글을 쓰려니 무슨 이야기를 해야 하나 고민이 된다.

내 지난 이야기를 하는 것이 혹시라도 이 글을 읽는 분들에게 넋두리로 들리지 않을까 걱정스럽다. 하지만 용기를 내어 지난 70여 년 동안 겪었던 일을 되돌아보고, 다시 그 시절로 돌아간다면 어떻게 살았으면 좋겠다는 이야기를 해보고 싶다. 내 나이가 일흔넷이니 100살까지 산다 하더라도 26년밖에 남지 않았는데, 나는 아직도 100년이 더 남은 것 같은 느낌이다. 이번 기회에 지난날을 한번 정리하고, 그 마음으로 74년 후에 다시 한 번 글을 쓰고 싶다.

나는 따뜻함이 솟아나는 샘이 되고 싶다. 따뜻할 온溫, 솟아날 돌乭, 사람 인人, 즉 온돌인溫乭人이다. 그래서 내 아호를 '온돌'로 삼기로 했다. 그리고 나의 이생二生 74년을 온돌 문화의 세계화를 위해 밀알이 되는 삶을 살고 싶다.

2012년 10월
온돌 김서곤

Part 3
따뜻한
세상을 위하여

Part 4
과거를 통해
미래를 직시하다

웃음 십계명

매일 10번씩 15초간 웃음 운동을 하세요.

1. 크게 웃어라

크게 웃는 것은 최고의 운동법이다. 매일 1분 동안 웃으면 8일 더 오래 산다. 크게 웃을수록 더 큰 자신감이 생긴다.

2. 억지로라도 웃어라

병이 무서워서 도망간다.

3. 일어나자마자 웃어라

아침에 웃는 첫 번째 웃음이 보약 중에 보약이다. 3대가 건강해지면 보약 10첩보다 낫다.

4. 시간을 정해놓고 웃어라

병원과는 영원히 이별이다.

5. 마음까지 웃어라

얼굴 표정보다 마음 표정이 중요하다.

6. 즐거운 생각을 하며 웃어라

웃음은 즐거움을 창조한다. 웃으면 복이 오고 웃으면 웃을 일이 생긴다.

7. 함께 웃어라

혼자 웃는 것보다 33배 이상 효과가 좋다.

8. 힘들 때 더 웃어라

진정한 웃음은 힘들 때 웃는 것이다.

9. 한 번 웃고 또 웃어라

웃지 않고 하루를 보낸 사람은 그날을 낭비한 것이나 마찬가지이다.

10. 꿈을 이뤘을 때를 상상하며 웃어라

꿈과 웃음은 한 집에 산다.

1

실패라는
벽돌 쌓기

실패라는 과정이 없는 성공이라는 결과는 있을 수 없다.

사실 실패는 누구나 할 수 있는 일이다.

실패라는 벽돌이 디딤돌이 될 것인지 걸림돌이 될 것인지는 각자의 몫이다.

오늘도 나는 또 하나의 벽돌을 쌓는 중이다.

종심의 추억 :
세 가지의 나이

1940년생인 나는 지천명知天命과 이순耳順을 거쳐 어느덧 종심從心의 나이를 넘어섰다. 종심이란 마음이 시키는 대로 혹은 마음이 하고자 하는 대로 해도 규율이나 법도를 벗어나지 않는다는 말로, 일종의 성인의 경지를 이르는 말이다. 그런데 나는 이제 겨우 불혹不惑에도 미치지 못한 것 같다. 아무튼 칠순이 지난 지 몇 년이 되었는데, 정작 칠순을 나도 모르고 아내와 가족들도 모르고 지나갔다. 나는 1940년 1월 20일 생인데, 음력으로는 기묘년 12월 12일로서 토끼띠가 된다. 그래서 양력과 음력이 한 살 차이가 나고, 만으로 따지면 또 한 살 차이가 난다. 이렇게 나이가 왔다 갔다 하다 보니 헷갈려 칠순을 놓쳐버렸다. 이런 말을 하는 것은 칠순을 놓쳐서 섭섭하다거나 억울해서가 아니라 칠순을 잊고 넘어갔다는 사실이 무척 좋았기 때문이다. 그동안 내가 나이를 모르고 살았다는 뜻이기도 한 것이다.

　그런데 칠순을 넘기니 재미있는 심리적 변화가 있었다. 솔직히 70세 이전에는 사람들에게 나이를 줄여서 이야기하는 것이 보통이었다. 한 살이라도 적게 말하는 것이다. 어차피 내 나이는 음력으로 계산하는 것과 양력으로 계산하는 것이 달랐고 만으로 이야기하면 한 살이 더 줄어들기 때문에, 70세 이전에는 웬만하면 나이를 더 적게 말했던 것이다. 그래도 거짓말을 하는 것은 아니니 남을 속인 것은 아니었다. 나처럼 나이를 먹어가며 자신의 나이를 줄여 말하는 것에 공감하는 사람이 많을 것이다.

　흔히 결혼 안 한 30대 초반 여성은 3년을 스물아홉 살로 지낸다는 말이 있다. 나 역시 예순아홉 살로 몇 년을 지내다가 바로 일흔세 살이 되어버렸다. 그러니 내 인생에서 칠순이 없었다는 것은 단순히 칠순 잔치가 없었던 것뿐 아니라 진짜 70세가 없었던 셈이다. 그런데 일흔이 넘어서는 나이를 아예 더 올려서 가장 많은 나이를 이야기하게 되었다. 예전 같으면 가장 어린 나이를 이야기했을 텐데, 이젠 젊어 보인다는 말을 듣는 것이 기분 좋기 때문이다. 요즘에는 젊어 보인다는 말이 가장 듣기 좋다. 나이 많은 이에게 젊어 보인다는 말은 최고의 찬사이자 아부라는 것을 기억하시기 바란다.

　어차피 인생의 시작은 탄생이고 종말이 죽음이라면, 인생이란 탄생에서 죽음까지 이르는 과정이라 할 수 있다. 그 과정 가운데 한두 번 있을 수 있는 성공을 가지고 성공한 인생이라고 말할 수 없다. 실패도 마찬가지이다. 인생은 실패라는 벽돌을 쌓아 올리는 과정이고, 지금 이 순간은 그 과정의 꼭짓점이라 생각한다. 어쩌면 그 꼭대기를 성공이라 말할 수도 있을 것이다. 그러나 성공과 실패 모두 생과 사의 중간에 있는 과정일 뿐이다.

실패하지 않는 유일한 방법은 시도하지 않는 것이라는 말이 있다. 그러니 실패한 인생을 살고 싶지 않다면 방법은 딱 하나이다. 아무것도 안 하면 된다. 나는 성공의 이야기를 자랑하고 싶은 것도 아니고 실패의 넋두리를 하려는 것도 아니다. 나에게 허락된 그동안의 세월 속에서 겪었던 과정을 진솔하게 이야기하고 싶을 뿐, 성공이냐 실패냐 하는 판단은 이 글을 읽는 여러분의 몫이라고 생각한다.

마음 가는 대로 행하여도 법도에 어긋남이 없는 나이라는 종심. 나는 아직 그 수준에 턱없이 모자라지만 그래도 한 가지 바람이 있다면, 여기에서 내 마음 가는 대로 이야기했을 때 법도에 어긋나지 않는 수준까지는 아니더라도 "맞아!", "그래!", "그럴 수도 있어"라는 공감이 있었으면 한다.

70년
쌓아 올린
벽돌

인터뷰나 대담을 할 때 종종 듣는 질문이 두 가지 있다. 하나는 "어떤 청운의 꿈을 안고 의료기 업계에 뛰어들었는가?"이고, 다른 하나는 "어떻게 성공할 수 있었는가?"이다. 나는 이 두 질문을 접할 때마다 여간 괴로운 게 아니다. 왜냐하면 내가 무슨 청운의 꿈을 안고 의료기 업계에 뛰어든 것이 아니었고, 한 번도 나 자신이 성공했다고 생각해본 적이 없기 때문이다. 그저 먹고살기 위해 이 업계에 뛰어들어 앞만 보고 열심히 살았고, 지금도 여전히 실패라는 벽돌을 하나하나 쌓아 올리고 있을 뿐이다.

물론 그동안 있었던 일 중에 그래도 성공이라 할 만한 일이 왜 없었겠는가. 하지만 그런 성공의 이야기만을 찾아내서 부풀려 자랑하는 이야기를 쓰고 싶지 않았다. 성공은 수많은 실패의 결과이다. 그런 의미에서 결과인 성공에는 스토리가 없다. 다만 실패라는 과정에 스토리가 있을 뿐이다. 나는 그 스토리를 말하고 싶다.

얼마 전 거리를 걷다 교보문고 담벼락에 다음과 같은 시가 걸린 것을 보았다.

사람이 온다는 건
실은 어마어마한 일이다.
한 사람의 일생이 오기 때문이다.

— 정현종

이 얼마나 멋진 말인가! 흔히 우리 나이가 되면 자신의 인생을 소설로 몇십 권을 쓸 수 있다고 한다. 이런 나이가 되어보니 실로 이 시가 얼마나 멋지고 위대한지 새삼 느낀다.

하지만 나는 그렇다고 해서 내 이야기를 자랑하거나 내 생각을 주장하거나 잔소리하고 싶은 생각은 없다. 소통이라는 말이 요즘처럼 화두가 된 적이 있었나 싶을 정도로 여기저기서 소통을 이야기한다. 정치권에서부터 기업 경영에 이르기까지 소통은 21세기의 중요한 키워드가 되었다. 인터넷이다 SNS다 소통의 미디어가 이토록 발달한 시기에 오히려 소통이 화두가 되었다는 것은 참으로 아이러니한 일이다. 나는 내 나이에 소통의 중요성을 절감하고 있다. 소통을 잘하려면 자랑하지 말고, 주장하지 말고, 잔소리하지 말아야 한다고 생각한다. 이것이 내가 생각하는 소통의 3원칙이다. 그래서 자랑하지 않고, 주장하지 않고, 잔소리 하지 않으려고 무척 애쓴다. 그저 내가 쌓아 올린 벽돌들을 진솔하게 이야기할 터이니, 그중에 쓸 만한 것이 있다면 여러분이 가져다가 마음 껏 사용했으면 좋겠다. 그 벽돌이 못나고 볼품없다고 해도 어딘가에는 요긴하게 쓸 수 있지 않겠는가.

성공은
실패의
벽돌일 뿐

프리드리히 니체는 "인간은 과거에 경험해보지 못한 것에 대해서는 귀를 기울이려고 하지 않는다"라고 말했다. 우리는 과거부터 알고 있던 사실에 대해서만 인정하려고 한다는 것, 즉 내가 겪지 않은 일에 대해서는 그저 피상적으로 듣고 흘려 넘길 뿐이라는 말이다. "세상은 아는 만큼 보인다"라고 할 수 있다. 그런데 지혜로운 사람은 단순히 아는 만큼 보는 것을 넘어 그 이면까지 볼 줄 아는 사람이라 할 수 있다.

실패를 경험해본 사람은 그 실패의 두려움을 안다. 또 실패라는 것이 얼마나 아픈 것인지도 잘 안다. 하지만 현명한 사람에게는 실패가 마냥 두렵고 아픈 것만은 아니다. 그 실패를 겪고 이겨냈을 때 자신을 더 도약시키고 발전시킨다는 것을 알기 때문이다. 바로 이것이 일반인과 현명한 사람의 차이라고 생각한다. 보통 사람은 실패를 겪는 동안에는 그 실패를 겪은 이후에 얻게 될 것을 알지 못한다. 알지 못하기 때문에 볼 수도 없다. 하지만 현명한 사람은 실패를 겪으면서 그것이 가져다줄 유익을 알고, 또 볼 수 있다. 실패라는 벽돌을 디딤돌로 이용했을 때는 자신을 한 단계 올려놓을 수 있지만, 반대로 실패라는 벽돌이 걸림돌이 되어 채여서 넘어지면 좌절하게 되고 또 다른 시련을 겪어야 한다.

준비가 철저한 조직에서는 항상 비상사태에 대비해서 매뉴얼을 만들어놓는다. 예를 들어 일본의 경우, 지진이나 해일이 났을 때 지방자치단체, 회사, 가정에서 각각 어떻게 행동해야 하는지에 대한 지침을 숙지하거나 매뉴얼로 만들어놓았다. 이러한 매뉴얼은 수많은 시행착오와 실패를 겪으면서 만들어진 모범 답안이다. 그런데 지난번 일본 지진해일과 원전 사태에서 볼 수 있듯이, 그렇게 만들어진 매뉴얼도 완전할 수는 없다. 또 한 번 실패라는 과정의 벽돌을 쌓은 것이다. 후쿠시마의 벽돌이 디딤돌이 될 것인지 걸림돌이 될 것인지는 일본을 넘어 우리 인류의 몫이다. 이렇게 좀 더 완벽한 매뉴얼이 나오기 위해서는 수많은 시행착오와 실패가 선행되어야 한다. 그렇지 않으면 매뉴얼이 나올 수 없다. 매뉴얼이 모범 답안이고 모범 답안이 곧 성공이라고 봤을 때, 성공은 실패의 결과물인 셈이다. 실패는 성공의 어머니라고도 하지 않았던가.

실패라는 과정이 없는 성공이라는 결과는 있을 수 없다. 사실 실패는 누구나 할 수 있는 일이다. 실패라는 벽돌이 디딤돌이 될 것인지 걸림돌이 될 것인지는 각자의 몫이다. 오늘도 나는 또 하나의 벽돌을 쌓는 중이다.

어머니의 사랑과
회복 탄력성

　나는 전라남도 화순 탄광에서 더 들어간 외진 산골 마을에서 2대 독자로 태어났다. 내가 태어난 마을은 김해 김씨 사면파의 집성촌으로, 대부분이 인척 관계로 엮여 있는 마을이었다. 그러다 보니 이웃 거의가 다 나의 아저씨요, 형제요, 조카 들이었다. 당시 우리 집은 머슴까지 부릴 정도로 중농에 속한 집안이었지만, 내가 두세 살쯤 되었을 때 아버지가 송사에 휘말려 큰 빚을 어머니께 떠넘기고 홀로 만주로 떠나셨다. 그때부터 우리 집은 혹독한 가난과 시련을 견뎌야 했다.

　어머니는 홀로 시어머니를 모시며 외아들인 나를 키우시느라 모진 고생을 하셨다. 농사일이며 길쌈이며 온갖 고생을 하시면서도 그 많은 빚을 다 갚으신 억척이셨다. 남편도 없이 생과부가 되어 모진 고생을 하시면서도 그 모든 것을 해내신 초인적인 힘의 원천은, 지금 생각해보니 나에 대한 헌신적인 사랑이었던 것 같다.

어머니의 극진한 사랑은 일일이 다 말할 수 없을 정도이다. 한 가지 재미있는 일화가 있다. 어렸을 때 우리 마을에는 집집마다 감나무가 두세 그루씩 있었다. 가을이면 온 동네에 감이 주렁주렁 열렸는데, 동네 아이들과 종종 감을 따 먹기도 했다. 그러던 어느 날이었다. 친구들과 어느 집 감나무에서 감을 따 먹는데 주인 할머니가 나와서 나에게 무지막지하게 욕을 하며 혼을 내는 것이었다. 호남 특유의 육두문자를 섞어 가며 심한 욕지거리로 나를 혼냈는데, 나는 엉엉 울며 집으로 돌아왔다. 나를 혼낸 그 할머니는 촌수로는 어머니보다 한 대가 높았으므로 따지고 보면 나에게는 할머니뻘이었는데, 감 좀 따 먹은 일을 가지고 심하게 혼낸 것이다. 그러자 어머니는 그 길로 그 집으로 달려가서 간짓대(대나무로 만든 긴 장대)로 그 집 감을 모조리 따버리셨다. 어머니는 언제나 내 편에 서서 나를 보호하고 나를 지키는 데 최선을 다하셨던 것이다. 그 일을 두고 얼마나 마음이 힘들었는지 모른다. 어쨌든 내 실수로 큰일이 벌어진 것이 아닌가. 아무튼 어머니는 온갖 시련과 고난 속에서도 오로지 내가 잘되기만을 바라고 헌신하셨다.

얼마 전 감동 깊게 읽은 책 중에 《회복탄력성》이라는 책이 있다. 그 책에 따르면, 사람에게는 회복 탄력성이라는 것이 있는데, 이는 시련이나 역경을 딛고 다시 튀어 오르는 능력을 일컫는다. 똑같은 시련이 닥쳤을 때 어떤 이는 잘 견디고 오히려 그 시련을 기회의 발판으로 삼는 반면에 어떤 이는 그로 인해 좌절하거나 무너져버리는 경우가 있다. 회복 탄력성이 높은 사람은 역경과 마주쳤을 때 유리잔처럼 깨지지 않고 고무공처럼 튀어 올라, 오히려 역경을 디딤돌 삼아 더 높이 오르게 된다.

1954년부터 하와이의 작은 섬 카우아이의 주민들을 대상으로 무려 30여 년간 이루어진 연구에서 그 해답을 찾았다. 이 연구를 주도했던 심리학자 에미 워너는 이 섬에서 자라는 아이 698명을 분석했는데, 그 중에서 가장 열악한 환경에서 자란 고위험군 201명의 성장 과정을 분석하여 열악한 환경과 성장에 따른 인과관계를 분석했다. 그런데 특이한 것은, 201명의 고위험군 중 실제로 사회 부적응자가 된 것은 3분의 2였고 나머지 3분의 1에 해당하는 72명은 오히려 세상이 원하는 인재로 잘 성장했던 것이다.

왜 이런 결과가 나왔을까? 에미 워너가 발견한 것은 너무나 엄청난 것이었다. 극도로 불우한 환경에 속했는데도 사회적으로 훌륭하게 성장한 72명에게는 자신이 처한 시련을 극복할 수 있었던 공통의 속성이 있었다. 그것은 자신을 사랑해주는 사람이 적어도 한 명은 있었다는 것이었다. 그 사람이 아빠든 엄마든 할아버지든 할머니든, 그냥 주위 사람이든 간에 가까이서 지켜봐 주고 무조건적인 사랑과 믿음을 보내주었던 사람이 적어도 한 사람은 있었던 것이다. 이것이 회복 탄력성의 비밀이었다.

이 책을 읽으며 나의 회복 탄력성의 근원이 어머니인 것을 깨닫게 되었다. 나도 그간 수많은 시련과 역경을 만나왔다. 하지만 좌절하지 않고 꿋꿋이 이겨낼 수 있었던 것은, 내가 잘나서가 아니라 어릴 때부터 받은 어머니의 헌신적인 사랑 덕분이었던 것이다. 내가 실패를 두려워하지 말라고, 성공은 실패의 벽돌이라고 자신 있게 이야기할 수 있는 그 근간은 나를 위해 간짓대를 휘둘렀던 어머니의 헌신적인 사랑이라고 확신한다.

중학교 전교 1등,
그리고 서울로

　나는 여덟 살이 되던 해인 1947년, 국민학교(지금의 초등학교)에 입학했다. 하지만 국민학교 4학년이 되던 해에 6·25 전쟁이 일어났다. 전쟁이 발발하자 대부분의 가정이 그렇듯이 우리 집안도 풍비박산이 났다. 가족들은 생사의 위기를 넘나들었고 온 가족이 뿔뿔이 흩어졌다. 전쟁 통에 학교를 그만두었고, 1952년에 어렵사리 광주에 있는 서석국민학교에 편입했다. 그렇게 국민학교를 어렵게 마치고 광주서중에 입학했다. 내 기억으로 그때 등록금이 200환이었는데, 나는 한 푼도 내지 않고 일단 무조건 입학하여 2개월을 공부했다. 지금은 불가능한 일이겠지만, 그 당시만 해도 등록금을 당장 내지 않더라도 입학을 시켜주었다. 하지만 등록금을 낼 형편이 못 되었던 나는 담임선생님에게 미안한 나머지 2개월 만에 학교를 그만두었다. 그러나 지금에 와서 생각해보니 친·인척이라도 찾아가서 사정하여 학교를 계속 다니지 못한 것이 후회스럽다.

　우스갯소리로 학창 시절에 공부 못했던 사람이 어디 있겠는가. 모두 우등생이고 장학생이라고 말한다. 나도 마찬가지이다. 나도 꽤나 머리 좋은 우등생이었다. 하지만 돈이 없어 학교를 그만둔 나는 그 무엇도 할 수가 없었다. 학교를 그만두자 막막했다. 게다가 내가 살던 곳에서는 아무것도 하지 못할 것 같다는 생각이 들었다. 결국 나는 아버지 친구가 계신 전라북도 군산으로 향했다. 무작정 가서 무엇이라도 하면 돈을 벌 수 있지 않을까 하는 마음에서였다. 하지만 그것도 생각대로 쉽지는 않았다. 여러 가지 일을 해보려고 노력했지만, 어린 나이에 할 일은 아무것도 없었다.

　그런데 아버지 친구의 도움으로 그해 12월에 다시 중학교에 들어갈 수 있었다. 그날이 12월 12일이었는데, 내 음력 생일과 같아서 지금도 정확히 기억하고 있다. 학교에 다시 들어간 날이 마침 기말고사여서 나는 들어가자마자 바로 시험을 보게 되었다. 몇 개월 동안 학교 수업을 받지 못한 상태였으니 거의 포기하다시피 시험을 치렀다. 그런데 시험을 마치고 나자 담임선생님이 나를 따로 불렀다. 영문도 모르는 채 내가 무슨 잘못이라도 한 게 아닌가 하는 마음으로 조심스레 교무실을 찾았다. 그러자 선생님은 나에게 전체 학생의 시험지 채점을 맡기는 것이 아닌가. 알고 봤더니 내 성적이 꽤 좋아서 선생님이 채점을 맡긴 것이었다. 지금 생각해보니 광주서중은 당시 명문 학교였고 나는 학교를 그만둔 이후에도 틈틈이 공부를 했는데 그것이 우수한 성적을 내는 데 도움이 되었던 것 같다.

그런 재미있는 해프닝으로 시작한 나의 두 번째 중학교 생활도 그리 평탄하지만은 않았다. 집세를 못 내서 쫓겨날 뻔도 했고, 가난한 형편에 학비를 제대로 낼 수 없었기 때문이었다. 그러자 학교에서는 나를 위한 장학제도를 만들어서 내가 계속 공부할 수 있게 해주었다. 그렇게 해서 전교 1등의 성적으로 중학교를 졸업할 수 있었다. 하지만 나는 고등학교에 진학할 수 없었다. 찢어지게 가난하던 시절, 아무리 전교 1등을 하더라도 고등학교 진학은 불가능했다. 집안 형편상 고등학교에 진학할 수 없다는 사실이 무척 가슴 아팠으나 선생님과 친구들에게 차마 돈이 없어 고등학교에 진학하지 못한다는 말을 할 수 없었다. 그래서 나는 서울로 가서 고등학교를 다니게 되었다고 거짓말을 했다. 일종의 도피처로, 무작정 서울로 간다고 한 것이다. 알량한 자존심 때문에 거짓말을 한 것이다. 그렇게 되자 더 이상 군산에 머무를 수 없었다. 나는 아무 연고도 없는 서울에 던져진 셈이었다. 그렇게 해서 나의 서울 생활은 시작되었다.

새벽
노점상

중학교를 졸업한 1956년에 아무 연고도 없는 서울로 무작정 상경한 나는 닥치는 대로 일을 했다. 내가 처음 한 일은 공사판의 막노동이었다. 당시 서울은 전쟁이 끝난 지 얼마 되지 않아 여기저기 소규모 공사가 많았는데, 그때는 기계나 장비도 열악하여 오로지 사람의 막노동에 의존하던 시절이었다.

나는 용산역을 짓는 공사판에서 처음 막노동을 했는데, 모래며 자갈 등을 담은 들통을 메고 비계(공사판에서 공중에 가설한 계단)를 오르내리며 3~4층까지 날라야 했다. 중학교를 갓 졸업한 나로서는 여간 힘든 일이 아니었다. 내가 많이 힘들어하자 어른들은 내게 자갈이나 모래 대신 물지게를 나르게 했는데, 이 또한 보통 힘든 일이 아니었다. 물지게는 자갈이나 모래와 달리 중심 잡기가 무척 힘들어서 물을 쏟기 일쑤였고, 힘들게 3~4층에 올라가면 물이 반 통도 남아 있지 않아 욕을 먹기 일쑤였다.

또 지금은 아파트촌이 되었지만 대방동에 공군 본부 부지를 조성하는 공사판에서도 일한 적이 있다. 당시 나는 공군 본부 축대 건설 현장에서 일했는데, 그 현장 옆에는 성남고등학교가 있었다. 한창 공사 일을 시작하면 학생들이 교복을 입고 공사 현장 옆으로 등교를 했다. 나는 그들이 나를 쳐다볼까 두려워 그들의 시선을 피한 채 묵묵히 일할 수밖에 없었다. 교복 입은 그들의 모습을 보면서 부러움과 열등감, 수치심, 그리고 원인 모를 분노가 버무려진 묘한 감정이 복받쳐 오르는 것을 느꼈다.

공사판에서 일할 때는 공사판 함바(식당)에서 먹고 자고 했는데, 공사 일이 없을 때는 잘 곳이 없어 시장 등지를 전전할 수밖에 없었다. 당시 고향 사람 중에 동대문 평화시장에서 중고 서점을 운영하는 사람이 몇 있었는데, 나에게는 밥 한 끼라도 얻어먹을 수 있는 유일한 연고였다. 나는 종종 동대문 평화시장에 가서 책도 읽고 끼니도 때웠다. 학교를 다니지 못하던 나는 중고 서점에 있는 책을 닥치는 대로 모조리 읽었고, 밥이라도 얻어먹을 요량으로 청소며 허드렛일을 돕기도 했다. 그러면서 저녁이 되면 시장 근처에서 노숙 생활도 했다.

그런데 시장에서 한참 자고 있으면 새벽 5시쯤 누군가 깨우는 소리에 잠을 깼다. 당시 시장에는 노점상들이 자리를 펴고 장사를 했는데, 새벽 5시만 되면 어김없이 장사 준비를 하는 것이었다. 나는 놀라지 않을 수 없었다. 새벽 5시에 누가 물건을 사러 나온단 말인가? 실제로 새벽에 장사 준비를 마쳐도 아침 10시가 훨씬 넘어야 손님들이 오고 물건이 팔리기 시작했다. 그럼에도 그들은 어김없이 새벽 5시면 장사 준비를 하는 것이었다. 나는 그때, 나도 모르게 소중한 습관을 얻게 되었다. 근면함과 성실함으로 시장의 새벽을 깨우는 상인들의 모습을 보면서 나도 새벽형 인간이 된 것이다.

그때 이후로 지금까지 거의 매일 새벽 5시만 되면 하루 일과를 시작한다. 이렇게 이야기하면 마치 내가 굉장히 부지런하고 치열하게 사는 사람이라고 과시하는 것처럼 보일지 모른다. 나는 추호도 그런 이야기를 하는 것이 아니다. 오히려 나에게는 아침 7시, 8시까지 자라고 하는 것이 더 힘든 일이다. 때때로 휴일에도 남들처럼 푹 늦잠을 자지 못하고 5시만 되면 일어나 아내에게 핀잔을 듣기 일쑤이다. 나는 이것이 그때 몸에 밴 습관의 힘이라고 생각한다. 처음 어떤 일을 시작할 때 힘들지 모르지만, 몸에 배어 버릇이 되면 그렇게 안 하는 것이 오히려 힘들어진다. 바로 이것이 습관의 힘이다. 세상만사 습관이 되면 쉽고 편해진다.

공평성의
배수비례
법칙

흔히 젊어서 고생은 사서 한다는 말을 한다. 나는 이 이야기를 귀에 못이 박히도록 듣고 살았다. 내가 어려서부터 고생을 많이 하니 친척들이나 주변 사람들이 어린 나에게 이 이야기를 위로 삼아 항상 들려주곤 했다. 나는 그 말을 들을 때마다 정작 필요한 도움은 주지 않으면서 말로만 위로하는 그들이 싫었다. 그러면서 자연스럽게 젊어서 고생은 사서 한다는 말을 정작 진짜 고생은 안 해본 사람들이 하는 말치레에 불과하다고 치부했다. 그래서 세상은 참으로 불공평하다는 생각이 나를 항상 비난과 비평과 불만으로 가득 찬 부정적인 사람으로 만든 것 같다. 그런데 이제 와서 생각해보니 그들이 해준 말이 만고불변의 진리였다. 세상일이란 어떻게 보느냐에 따라 다른 것 같다.

세상이 공평하다는 말은 사실 승자가 하는 이야기인지도 모른다. 전쟁에서 승리하고 가진 자가 세상은 공평하다고 외쳐도 사람들은 그 이야기를 받아줄 것이기 때문이다. 그리고 그에게는 '승리했기 때문에', '성공했기 때문에'라는 꼬리표가 붙는다. 하지만 실패한 사람은 다르다. 실패한 자에게는 실패라는 꼬리표가 붙는다. 어떤 이야기를 하더라도 핑계를 대는 것에 지나지 않는다. 패자에게 세상은 불공평한 것이 된다. 그러니까 역설적이게도 세상은 누구에게는 공평하고 누구에게는 불공평한 셈이다.

세상에는 크게 두 종류의 사람이 있다. 매사에 긍정적인 사람과 반대로 매사에 부정적인 사람이다. 사람에게 "당신은 행복합니까?"라는 질문과 "당신은 불행합니까?"라는 질문을 한다고 치자. 이 질문에 자신은 무조건 행복하다거나 무조건 불행하다고 답하기는 쉽지 않을 것이다. 행복이 70이고 불행이 30이라고 이야기하거나 반대로 불행이 70이고 행복이 30이라고 이야기할 수도 있다. 또는 반반이라고 이야기할 수도 있을 것이다. 나는 여기에서 긍정의 비는 성공의 비와 같고, 부정의 비는 시련의 비와 같다고 생각한다.

영국의 물리학자인 돌턴은 두 가지 원소 A와 B가 화합하여 두 가지 이상의 화합물을 만들 때 A의 일정량과 화합하는 B의 양 사이에는 간단한 정수비가 성립한다는 것을 발견했다. 이 법칙을 '배수비례 법칙'이라고 한다. 나는 이것에 빗대어 공평성의 배수비례 법칙이라 말하고 싶다. 보통 사람들은 평소 언어에서 긍정적인 언어가 3, 부정적인 언어가 7이라고 한다. 즉, 행복은 3이고 시련은 7이라고 하겠다. 반대로 어떤 사람이 긍정적인 언어가 7이고 부정적인 언어가 3이라면, 똑같은 비례로 그 사람의 행복 대 시련은 7 대 3이 될 것이다. 나는 이것이 세상의 공평성에 대한 비밀이라고 생각한다. 즉, 세상이 공평하다거나 불공평하다는 문제가 아니라 자신의 언어 습관에 따라 정확하게 행복과 시련이 분배된다는 것이다. 다시 말하면 내 생각, 즉 긍정적 생각과 부정적 생각의 비율이 바로 행복과 시련의 비라는 것이다.

이것을 깨닫게 되니까 젊어서 고생은 사서 한다는 말이 진리로 와 닿았다. 고난과 시련을 통해 오히려 내가 왜 살아야 하는가, 어떻게 살아야 하는가, 그리고 무엇을 이루어야 하는가 하는 성찰을 하게 되었기 때문이다. 그리고 성공이란 수많은 실패와 시련의 결과물이기도 하지만, 성공도 실패도 시련도 사실은 우리 삶의 과정이지 결과가 아니라는 것이다. 성공과 실패를 결과로 보느냐, 과정으로 보느냐는 바로 자만과 겸손의 갈림길이기도 하다. 성공을 결과로 보는 시각에서 자만이 싹트기 때문이다.

도전,
실패,
그리고 시도

나는 세상에는 세 종류의 사람이 있다고 생각한다. 성공한 사람, 실패한 사람, 그리고 실패 안 한 사람. 실패하지 않는 유일한 방법은 시도하지 않는 것이다. 시도하지 않으면 실패하지 않는다. 우리 회사에서는 올해 연초에 금연 프로그램을 펼쳤다. 명색이 건강한 삶의 질을 추구하는 우리 솔고에서 솔선수범하여 금연을 실시하자는 운동이었다. 우선 금연 서약을 한 직원들에게 100만 원씩 지급했다.

그로부터 6개월이 지나 보니 재미난 통계가 나왔다. 금연 서약에 동참한 직원 중 30퍼센트 정도가 금연에 성공했고, 나머지 70퍼센트는 6개월을 비티지 못하고 실패했다. 그런데 흡연 직원 중에 무려 50퍼센트는 아예 금연 자체를 시도조차 하지 않은 것이다. 재미난 일은, 금연 성공의 인센티브를 직원 본인이 아닌 아내에게 지급했는데 금연에 실패해 지급받은 인센티브를 반납해야 하자 이로 인해 부부 싸움이 꽤 벌어진 것 같다. 가정의 평화를 위해 시작한 금연 운동이 오히려 부부 싸움을 부추긴 셈이니 재미있기도 하고 미안하기도 하다.

아무튼 우리 회사에는 금연에 성공한 사람과 실패한 사람, 그리고 시도조차 하지 않은 사람이 있다. 전체 흡연인 중 50퍼센트가 금연을 시도했고 시도한 사람 중에 30퍼센트는 금연에 성공했으니 전체로 따지면 약 15퍼센트가 성공한 셈이고, 35퍼센트는 실패했고, 50퍼센트는 실패조차 안 했다. 비단 금연뿐이랴. 우리는 살면서 때로는 성공하기도 하고, 때로는 실패하기도 하고, 또 때로는 시도조차 안 하기도 한다. 실패가 두려워 시도조차 하지 않는다면 그 얼마나 불행한 일인가. 그래서 우리 솔고는 설사 실패했을지언정 금연 운동에 동참한 직원들에게 박수를 보낸다. 근무 평가에서도 실패한 구성원들을 아예 시도하지 않아서 실패하지 않은 직원들보다 높게 평가하고 싶다.

노자의 가르침에 따르면, 큰 그릇이란 이미 완성된 것이 아니라 완성해나가는 무한한 과정이라 했다. 적어도 동양철학에서 말하는 위대함이란 완성된 것이 아니라 더 나음을 향한 끝없는 과정인 것이다. 그 무엇도 완성된 상태는 없다. 누구나 무엇인가 만들어나가려고 노력하는 것이다. 그 노력의 원동력은 오직 마음이다. 어떤 환경에 처하든지 간에 새로운 꿈을 향해 도전하는 것, 그것이 우리가 세상에 존재하는 이유이며 우리를 움직이는 원동력이라 확신한다.

풀빵과
극기

내가 겪은 수많은 일 중에서 아직도 기억 속에 후회로 각인된 것이 있다. 그것은 바로 풀빵이다. 막노동에서 노점상까지 닥치는 대로 일하던 시절, 동대문과 청계천 일대에서 아이스케키 장사를 한 적이 있었다. 아마도 내 나이 정도 되는 사람들은 '석빙고 아이스케키'를 기억할 것이다. '찹쌀~떡!', '메밀~묵!' 외치듯이 '석빙~고!', '아이스케~키!' 외치던 소리는 애잔한 추억으로 남아 있다.

바로 그 석빙고 아이스케키가 유행하던 해, 당시 나는 어머니와 함께 독산동에 살았는데 그때는 독산동이 경기도 시흥군이었다. 석빙고 아이스케키의 본점은 종로 5가에 있었다. 나는 그 아이스케키를 팔아볼 심산으로 종로 5가까지 가야 했는데, 차비가 없어서 걸어갔다. 아침 일찍 출발해서 종일 걸은 끝에 겨우 석빙고 본점에 도착하여 아이스케키 장사를 하겠다고 하니 주인이 보증금을 내라고 했다. 차비도 없어서 걸어온 내가 보증금이 있을 리 만무했다. 그렇게 문전박대를 당하고 바로 집으로 돌아갈 수 없어 허탈한 마음에 무작정 동대문 방향으로 걸었다.

당시 종로에서 동대문 쪽으로는 청계천 다리가 수표교, 관수교, 배다리, 오관수 다리 등이 있었는데, 동대문에서 청계천을 넘는 다리가 오관수 다리였다. 그 오관수 다리를 건너자마자 조그만 아이스케키 집이 하나 있는 것이 아닌가. 나는 용기를 내서 들어가 아이스케키 장사를 하고 싶다고 했다. 그러자 주인이 나에게 고향이 어딘지 물어보았다. 그래서 전남 화순이라고 대답했더니 다짜고짜 안 된다고 하는 것이었다.

나는 그 당시까지만 해도 전라도니 경상도니 하는 지역감정에 대해 전혀 몰랐다. 또 나는 전라남도 화순에서 광주, 전라북도 군산 등 여러 지역을 전전하며 살았고(군산은 충청도 사투리도 많이 섞여 있었다), 중학교를 졸업하고 바로 서울로 왔기 때문에 전라도 사투리를 비교적 쓰지 않았다. 그래서 사람들은 아마도 나를 서울 사람이라고 생각했던 것 같다. 나는 그때 처음으로 전라도 사람들이 괄시를 받는다는 것을 깨달았다. 아무튼 아이스케키 장사를 해보겠다고 고생하며 왔는데 한 번은 보증금이 없어 안 되고 또 한 번은 고향 때문에 안 된다고 하니, 실망이 이만저만이 아니었다. 그렇게 실망하고 돌아서는데 갑자기 아이스케키 기술자가 나를 불렀다.

"너 정말 장사하고 싶으냐?"

나는 정말 해야 한다고 대답했다. 그랬더니 그렇다면 자기가 보증해 줄 테니 장사를 해보라고 하는 것이 아닌가. 정말 한 줄기 서광이 비치는 듯했다. 나중에 알게 된 것은, 그 기술자는 충남 사람이었는데 그 일이 계기가 되었는지 나는 가끔 충남 사람을 만나면 나도 모르는 호감이 생기는 것을 느낀다. 그럴 때마다 속으로 웃음이 나온다. 그렇게 해서 그날로 아이스케키 통을 어깨에 메고 바로 장사를 시작했다.

아이스케키 집 주인은 아이스케키 말고도 바로 아래 청계천변 염색 공장을 가지고 있었는데, 헌 군복을 불하받아 수선하여 검정 물감으로 염색하는 곳이었다. 나는 주인의 배려로 그곳에서 잠을 자게 되었다. 그렇게 나의 동대문 아이스케키 장사 생활이 시작됐다. 옛날부터 다리 밑은 언제나 어려운 처지의 사람들이나 거지 또는 양아치 등이 노숙하는 곳이었다. 오관수 다리 밑도 양아치들의 본거지였다. 나 역시 일정한 숙소가 없다 보니 그곳에서 그들과 함께 생활하며 친하게 지냈고, 오히려 그들의 도움도 많이 받았다.

아이스케키 장사를 하며 아침과 저녁 하루 두 끼만 먹는 것이 당연한 일이었다. 아이스케키를 판 돈으로 두 끼의 식사를 해결해야 하다 보니 싼값에 배불리 먹을 수 있는 식사를 찾았는데, 그것이 바로 수제비였다. 당시 종로 4가와 5가 사이에 있는 동대문 음식 노점 시장에 수제비 집이 있었는데, 양도 많고 값도 저렴해서 항상 그곳까지 걸어가 수제비로 끼니를 때웠다. 그런데 그 수제비 집 가는 길에 풀빵 장수가 있었다. 그 풀빵이 왜 그렇게 먹음직스러워 보이던지! 손바닥 크기의 풀빵은 크기도 커 보이고 맛있어 보였다. 그것을 먹으면 수제비를 먹은 만큼 배도 부를 것 같았다. 그래서 오늘 저녁은 저것으로 때워야지 하고 풀빵을 사 먹었다.

그런데 막상 먹고 나면 간에 기별도 가지 않는 것이었다. 풀빵과 수제비는 값이 5원 정도로 같았는데, 풀빵을 먹고 나서 배가 고파 하는 수 없이 다시 수제비를 먹어야 했다. 5원이면 때울 저녁 식사를 두 배를 지불하게 된 것이다. 후회가 밀려왔다. 한순간의 달콤함에 저녁 식사비로 두 배를 쓴 나 자신을 자책하게 되었다. 다시는 그러지 말자고 마음먹었는데, 그 후로도 풀빵의 유혹에 무너질 때가 한두 번이 아니었다. 그럴 때면 또다시 후회하고 자책했다. 내가 이 정도로 의지가 약한 사람이던가, 이렇게 깡도 없고 의지가 약해서 어떻게 세상을 살아간단 말인가 하며 나 자신을 질책하고 자신에 대해 실망했던 기억이 지금도 생생하다.

김이율이 쓴 《마음한테 지지 마라》라는 책에는 "당신은 마음에 끌려갈 것인가, 마음을 이끌 것인가?"라는 물음이 나온다. 나의 마음을 이기고 산다는 것이 얼마나 어려운 일인가. 그래서 우리 집 가훈을 '극기克리'라고 지었다. 자기 자신의 마음을 이기는 것이 중요하다는 것을 그때 깨달았기 때문이다. 나는 지금도 내 마음에 끌려갈 것인가, 내 마음을 이끌 것인가에 대한 대답으로 그때 나를 한없는 자책으로 몰았던 풀빵을 기억한다.

맹탕
수제비

나는 한때 철공소에서 일한 적도 있었다. 어찌 보면 지금의 솔고는 철공소에서 일한 경험이 밑바탕이 된 것이기도 하다. 내가 일한 철공소는 을지로 4가에 있었는데, 시흥에서 서울로 출퇴근하려면 버스를 타고 노량진까지 간 다음 전차를 타야 했다. 걷기도 많이 걸었고 버스를 타려고 기다리는 시간도 만만치 않았다. 출근 시간만 족히 3시간은 걸렸던 것으로 기억한다. 그때가 겨울이었는데, 얼마나 추웠는지 모른다. 요즘 같은 겨울은 그때 겨울에 비하면 겨울도 아니다. 아침에 출근하고 나면 발이 꽁꽁 얼어버려서 동상에라도 걸릴 것 같았다.

을지로 4가에는 방산시장이 있었는데, 그곳에는 밀가루 도매상이 있었다. 당시 나는 한 달에 1,000원 정도를 받고 일했는데 밀가루 한 포대가 600원 했으니, 차비를 빼고 나면 한 달 일해서 겨우 밀가루 한 포대를 살 수 있었다. 그나마도 한 포대를 사지 못하고 가불을 해서 한 관씩 사다가 집으로 가져갔다. 그러면 어머니는 그것으로 수제비를 끓여주셨다. 내가 새벽부터 몇 시간 동안 추위와 싸워가며 출근할 수 있었던 것도 어머니가 끓여주신 수제비 덕분이다. 그 기억 때문인지 나는 아직도 수제비를 좋아한다. 수제비라고 하면 두 그릇은 뚝딱 비운다.

어느 추운 겨울날, 그날도 어머니가 수제비를 끓여주셨는데 소금 간이 안 되어 있는 맹탕 수제비였다. 소금 살 돈이 없었던 것이다. 맹탕 수제비를 먹으려고 하니 도저히 목에서 넘어가질 않았다. 그래서 아침을 굶고 출근했다. 또 어떤 날은 밀가루마저 떨어져서 시래기에 소금만 넣고 삶아서 그것을 먹고 가라고 내놓으신 적도 있었다. 그것도 목으로 넘어가지 않았다. 그때 나는 한참 젊을 때고 돌이라도 소화시킬 정도로 왕성한 식욕을 가지고 있었는데, 그런 내가 도저히 목구멍으로 넘길 수 없는 음식이 맹탕 수제비와 소금만 넣고 삶은 시래기였다. 내 기억으로 지금까지 내가 도저히 삼킬 수 없었던 음식은 그 두 가지뿐이다. 지독히 어려웠던 시절의 아픈 기억이다.

그런데 세월이 흘러서 그 맹탕 수제비와 소금만 넣고 삶은 시래기가 애잔한 추억으로 밀려와 다시 한 번 먹고 싶어졌다. 나는 아내에게 그것을 만들어달라고 한 적이 있었다. 그러나 아내에게 그런 음식을 왜 먹느냐며 핀잔을 받고 실없는 남편이 되고 말았다. 결국 그때의 맹탕 수제비와 소금만 넣고 삶은 시래기는 지금까지 한 번도 다시 맛볼 수 없었다. 그 수제비는 가난했지만 아들을 위해 헌신했던 어머니의 눈물이었다. 사실 나는 수제비가 그리운 것이 아니라 그 시절 어머니의 눈물이 그리운 것인지 모른다.

나는 지금도 수제비를 좋아한다. 가끔 내가 아내에게 "오늘 저녁 뭐 특별한 것 없나?" 하고 말하면 그날은 어김없이 수제비가 나온다. 수제비는 우리 집의 특식인 셈이다. 그때 목구멍으로 삼키지 못했던 그 맹탕 수제비를 언젠가 한 번은 다시 먹어보고 싶다.

밀가루와
눈보라

러시아의 대문호 톨스토이의 소설 중에 〈눈보라〉라는 작품이 있다. 톨스토이의 자전적 소설로서 러시아 카자크 지방에 위치한 어느 간이역에서 다음 목적지를 향해 썰매차를 타고 눈보라를 헤쳐 나가는 하룻밤의 기록이다. 젊은이가 거센 눈보라를 헤치고 나아가며 겪는 하루의 이야기를 통해 현실의 역경을 딛고 목적지를 향해 나아가는 인생을 은유적으로 보여주었다. 이와 비슷한 설정은 이문열의 《젊은 날의 초상》에도 나온다. 거센 눈보라를 뚫고 나아가는 젊은이의 모습에서는 때로는 강렬한 비장함이 느껴진다.

나에게도 톨스토이의 눈보라만큼이나 기억 속에 잊히지 않는 아련한 추억이 있다. 중학교 2학년 어느 추운 겨울날, 양식이 떨어져 아침밥을 못 먹고 학교를 향했다. 자식을 굶기고 학교로 보내야 했던 어머니의 마음은 오죽했을까. 못내 미안해하는 어머니의 얼굴을 뒤로하고 학교로 향했다. 나는 전날 이미 양식이 없다는 것을 알았기 때문에 평소 주워 모았던 전기 부품들을 가방에 챙겨 넣었다. 지금이야 흔하디흔하지만 당시에는 귀한 물건이었고, 그것을 내다 팔면 푼돈이라도 받을 수 있었다. 또한 나는 전기 부품에 관심이 많아서 눈에 띄기만 하면 부지런히 모아두었다. 그것을 군산 월명동에 있는 전기상에 가지고 가면 얼마간의 돈을 받을 수 있었다. 그날도 그 부품을 팔기 위해 가방에 챙겨 넣고 집을 나선 것이다.

학교를 마치고 그 전기상에 가서 얼마간의 돈을 받아 밀가루 반 관을 살 수 있었다. 그것을 들고 집으로 돌아오는 길, 바닷가 동네를 지나 산을 넘어 바닷바람을 맞으며 내려가야 했다. 밀가루를 안고 산등성이를 내려가는데 눈보라가 휘몰아쳐 뺨을 때렸다. 뺨을 때리는 눈보라가 어찌나 따갑던지 눈물이 났다. 아침도 굶고 허기진 상태에서 밀가루를 가슴에 품고 내려가는데, 하염없이 뜨거운 눈물이 흘렀다. 나는 아직도 그때 그 눈물이 따가워서 난 것인지, 내 삶이 한스러워서 난 것인지 모르겠다. 하지만 거센 눈보라를 뚫고 나아가며 느꼈던 묘한 쾌감은 지금도 강렬한 추억으로 남아 있다.

거센 눈보라의 추억은 거기서 그치지 않는다. 나는 1969년 12월 3일 결혼을 했다. 당시 박스 공장을 운영하다 망해서 결혼과 동시에 무일푼이 되고 말았다. 결혼하여 가장이 되었는데 당장 뭐라도 해야 했다. 밀

천 없이 할 수 있는 장사가 호떡 장사라고 생각되어 한남동에서 호떡 장사를 하는 사람을 찾아가 일주일간 호떡 굽는 기술을 배웠다. 그리고 4,000원의 빚을 내서 리어카를 장만하고 밀가루 한 포대를 사서 장사를 시작했다.

그때 아내는 첫아이를 가져 배가 불러 있는 상태였는데 저녁에 밀가루 반죽을 준비했고, 나는 이튿날 그 반죽을 들고 영등포시장 입구에서 호떡을 구워 팔았다. 당시 영등포구청 뒤에는 노립병원이 있었고 영등포시장이 있었는데, 그곳이 나의 호떡 장사 자리였다. 돈을 아끼느라 리어카도 내가 직접 만들었는데, 바퀴는 드럼통을 잘라 만들었다. 드럼통 바퀴가 달린 리어카는 굴러가기는 했어도 소리가 요란했다. 그렇게 요란한 리어카였지만 내 장사 밑천이요, 가족을 먹여 살리는 생계의 도구였다.

당시 정부에서는 설을 두 번 쇠지 못하도록 하여 음력설을 금지했는데, 공무원을 빼고는 모두 설을 지내느라 음력설이 다가오면 호떡 사 먹는 사람이 아무도 없었다. 그래서 영등포시장보다 더 장사가 잘되는 곳이 없을까 고민하다 용산 청과물 시장(현재의 용산 전자 상가 자리)으로 향했다. 섣달 그믐날, 요란한 소리가 나는 리어카를 끌고 노량진을 거쳐 제일한강교를 건넜다. 그때였다. 세찬 눈보라가 내리기 시작했다. 매서운 겨울, 한강에서 불어오는 눈보라는 내 평생 경험해본 가장 세찬 눈보라였다.

임신한 아내가 만들어준 반죽을 싣고 한강 다리에서 불어오는 눈보라를 맞으며 리어카를 끌고 가던 기억과 중학교 2학년 때 밀가루를 품에 안고 산등성이를 내려가며 눈보라를 맞았던 기억은 지금도 잊히지 않는 하얀 겨울의 추억이다. 그러고 보니, 눈보라의 추억 속에는 눈보라만큼이나 하얀 밀가루가 있었다. 슬픈 영화를 보고 났을 때 느끼는 마음의 정화, 우리는 그것을 카타르시스라고 부른다. 가족의 생계를 위해 밀가루와 함께 세찬 눈보라를 뚫고 가며 느꼈던 강렬한 따가움의 쾌감, 그것도 역시 삶을 향한 카타르시스가 아니었을까? 이제는 예전 같지 않은 겨울, 가끔 그때 내 얼굴을 때리고 가슴속까지 시리게 했던 매서운 눈보라가 그립다.

그리움과
지겨움

세상을 살다 보면 누구나 반드시 어려움과 시련을 겪게 된다. 그 어려움은 여러 가지 모양으로 다가온다. 건강을 위협하기도 하고, 재산을 위협하기도 하며, 심지어 가족을 위기에 빠뜨리기도 한다.

내 인생을 돌아봐도 고난과 시련의 연속이었던 것 같다. 40년 가까이 회사를 운영해오면서 숱한 어려움과 시련에 봉착하기도 했다. 《성경》 〈시편〉에 보면 "우리의 연수年數가 칠십이요, 강건하면 팔십이라도 그 연수의 자랑은 수고와 슬픔뿐이요"라는 구절이 있다. 어쩌면 우리의 인생은 수고하고 고난을 당하기 위해 사는 것일지 모른다.

그런데 인생을 살며 고난을 겪는 사람들 중에 어떤 사람들은 그 고난을 쉽게 극복하고 더 나은 삶을 살아가는 반면, 그렇지 못한 경우도 많다. 고난을 잘 이겨낸 사람들은 대부분 긍정적이고 피해 의식 없이 건강하게 살아갈 확률이 높다. 반대로 그렇지 못한 사람들은 고통스러운 경험을 떨쳐내지 못하고 그 속에 함몰되거나 그 상처를 치유하지 못하고 살아간다. 흔히 이런 경우를 트라우마라고 하는데, 의학적으로 트라우마란 재해를 당한 뒤에 생기는 비정상적인 심리적 반응을 말한다. 이는 외상에 대한 지나친 걱정이나 보상 욕구가 원인이 되어 외상과 관계없이 여러 가지 신체 증상이 나타나는 것이라고 알려져 있다.

군 생활을 힘들게 한 사람 중에는 제대한 후에 부대 쪽을 향해서는 소변도 보지 않는다고 말하는 경우가 종종 있다. 부대 쪽으로 잠시 몸을 돌리는 것조차 몸서리치게 싫다는 것인데, 힘들었던 군 생활이 떠올라 자신을 괴롭힐 것 같다는 말의 다른 표현이기도 하다. 또 어떤 사람은 하도 가난해 쌀밥을 못 먹고 꽁보리밥만 먹어서 보리밥은 쳐다보기도 싫다는 사람도 있고, 또 수제비를 하도 먹어서 밀가루는 쳐다보지도 않는다는 사람도 있다. 그런 이치로 본다면 나는 수제비라면 손사래를 쳐야 하는데, 반대로 내가 가장 좋아하는 음식이 수제비라는 것은 참으로 아이러니하다. 그 이유가 무엇일까 생각해보았다.

유행가 가사 중에, 님이라는 글자에 점 하나만 찍으면 남이 된다는 구절이 있다. 나는 그리움과 지겨움의 차이도 별반 다르지 않다고 생각한다. 어제까지 '님'으로 사랑했던 대상이 점 하나만 찍으면 '남'이 되듯이, 지겨움에 점 하나만 찍으면 그리움이 되지 않을까? 고통의 눈물을 흘리게 했던 맹탕 수제비, 소금만 넣고 삶은 시래기, 그리고 뺨을 때리던 거친 눈보라. 당시에는 지긋지긋한 지겨움이었지만 지금은 그리움이 되었듯이, 나를 힘들게 했던 과거의 고난이 사실은 오늘의 나를 있게 한 소중한 자양분이고 훗날의 그리움이다. 우리가 살아가면서 겪는 고난과 시련, 즉 오늘의 지겨움은 미래의 그리움이다. 그래서 추억은 항상 아름다운 것 같다.

4·19와 5·16
그리고
대학 졸업장

서울에 올라와서 막노동, 군밤 장수, 아이스케키 장수 등 닥치는 대로 일하며 살다 보니 고등학교 진학은 꿈도 꿀 수 없었다. 하지만 가슴 깊이 학구열은 불타올랐다. 나는 청계천에서 군밤 장사며 아이스케키 장사를 하면서도 틈틈이 동대문시장에 즐비했던 중고 책방에 가서 책을 읽었다. 당시 동대문시장에는 중고 서점이 많았고 꽤 유명한 고서도 많았다. 《훈민정음》, 《용비어천가》 등의 귀한 고서도 그곳 서점에서 발견되었을 정도니 동대문 중고 서점은 당시 우리나라의 출판 문화계에 귀중한 역할을 했다. 한 서점에서 책을 읽다 보면 주인이 나가라고 쫓아낼 때도 있었다. 그러면 다른 서점에 가서 책을 읽고, 거기서도 쫓겨나면 또 다른 서점에 가서 책을 읽는 식으로 이리저리 옮겨 다니며 닥치는 대로 책을 읽었다.

당시 고려대를 다니는 육촌 형이 있었다. 가난해서 고등학교 진학도 하지 못한 나에게 명문대를 다니는 육촌 형은 부러움의 대상을 넘어 우상과도 같았다. 형은 시흥에 살면서 고려대학교에 통학했는데 당시 시흥에는 미군 부대가 있었다. 형은 미군 부대에서 흘러나온 양담배, 양주, 햄, 소시지 등을 받아다 남대문시장 도깨비 상가(주로 미군 부대 피엑스에서 흘러나온 물품을 팔던 시장)에 팔아 그 돈으로 학비를 마련해 공부했던 고학생이었다. 형은 나의 롤모델이었고, 나도 형처럼 장사를 하면서도 공부할 수 있겠구나 하는 희망을 보게 되었다. 미군 부대에서 나온 담배, 술, 콜라, 과자 등은 남대문시장에 가져다주면 바로바로 팔렸다. 내가 판매하던 아이스케키와는 비교가 안 되는 장사였다. 나도 그 장사를 하고 싶었다.

문제는 밑천이었다. 적어도 미군 부대에서 나온 담배 10보루 정도는 살 수 있는 밑천이 있어야 했는데, 당시 그 돈이 2000원 정도였다. 그런데 하루 벌어 겨우 하루 먹고사는 아이스케키 장사로는 도저히 그 돈이 마련되지 않았다. 나는 아이스케키 장사를 접고 미제 물품 장사에 뛰어들고자 큰맘 먹고 다시 노동판에 들어갔다. 한여름을 꼬박 노동판에서 일을 하고 나니, 드디어 2000원이 모아졌다. 나는 그 돈으로 형에게서 배운 대로 안양 석수동에 있던 작은 미군 부대 앞에 자리를 잡고 그곳에서 나온 담배를 사다 남대문시장에 가서 팔았다. 당시는 양담배가 금지되어 있었기 때문에 소지하거나 운반하다 적발될 경우 그대로 압수당했고, 심지어 형사 입건되던 시기였다. 그런 위험을 무릅쓰고 하는 장사이다 보니, 고위험 고수익의 사업이었던 셈이다. 명문대를 다니는 형도 공부를 하려고 그렇게 장사하는 것을 보며 용기를 내어 나도 그렇게 공부하겠노라는 열정을 불태웠다.

미제 물품 장사를 시작한 지 1년이 지나자 약간의 여유가 생겼다. 그렇게 해서 열아홉 살에 광성고등학교 2학년에 바로 입학하게 되었다. 이번에도 1학년은 건너뛰고 2학년 생활을 시작한 것이다. 하지만 고등학교 생활 역시 순탄하지만은 않았다. 생계를 꾸리며 학업을 이어간다는 것이 쉽지 않았다. 2학년을 마치고 고 3이 되던 해에 다시 휴학해야 했는데, 장사를 해서 학업을 계속할 돈을 모아야 했기 때문이었다.

그렇게 해서 동년배들이 이미 고등학교를 졸업한 나이인 1960년, 스무 살이 넘어서 다시 고 3이 되었다. 그때 마음속으로 큰 결심을 했다. 우여곡절 끝에 스무 살이 넘은 나이에 고 3이 되고 보니 뚜렷한 대학의 목표가 생겼다. 바로 서울대학교 법대 입학이었다. 판검사의 꿈이 있어서가 아니었다. 가난한 학생이 무난히 대학을 졸업하려면 과외 선생을 해야 했는데, 서울대 법대를 다니면 과외 선생을 하며 학교를 졸업할 수 있을 뿐만 아니라 가족의 생계까지도 보장할 수 있었기 때문이다. 그렇게 해서 고 3이 된 나는 학교를 마치면 도서관과 학원에 달려가 대학 입시에 매진했다.

1960년 4·19가 일어났다. 당시 자유당 정권의 부정과 부패에 항거하며 민주주의를 부르짖는 학생들의 데모가 전국적으로 일어났다. 내가 다닌 광성고등학교는 당시 용산구 동자동에 있었는데, 나는 학교를 마치면 한국은행 근처 조선호텔 건너편에 있던 시립 도서관에 가서 공부했다. 4·19가 일어나자 대학생뿐 아니라 중·고등학생들도 자유당 정권의 부패에 맞서 데모에 참여했고, 나 역시 고등학생 신분으로 데모에 참여했다. 나는 광화문 근처에서 벌어진 시위대에 합류하여 구호를 외쳤다. 그때였다.

"탕탕! 탕탕!"

귓전을 때리는 총성이 들렸다. 이윽고 사람들의 비명 소리가 들렸다. 경찰의 발포로 몇몇 사람이 피를 흘리며 쓰러졌고 사람들은 소리를 지르며 도망가기 시작했다. 그때 내 눈에 피를 흘리며 쓰러진 사람이 보였다. 지금 생각해봐도 어디서 그런 용기가 생겼는지 알 수가 없다. 나는 양손을 번쩍 들고 홀로 앞으로 걸어 나갔다. 그리고 피를 흘리고 쓰러진 사람을 부축해 업었다. 내가 손을 들고 나가자 다행히 경찰들은 나를 향해 총을 쏘지 않았다. 내가 먼저 사람을 부축하자 몇몇 사람이 용기를 내어 부상자들을 부축해 피신했다.

나는 부상자를 업고 택시를 잡아 서울역에 앞에 있던 세브란스 병원(그 당시에는 세브란스 병원이 서울역 앞에 있었다)으로 향했다. 이미 병원은 아수라장이었다. 부상자를 간호사에게 인계하고 나가려고 했더니 간호사가 나에게 수혈할 피가 없으니 헌혈을 해달라고 요구했다. 헌혈을 마치고 나가려고 했는데, 이번에는 병원에 있던 수녀님이 나를 말리며 지금 나가면 모두 경찰에 잡혀가니 나가지 말라고 했다. 나는 그 수녀님의 말을 듣고 수녀님들이 제공한, 병원 뒤에 있는 수녀원 숙소에서 하루를 머물렀다.

이튿날 아침 숙소를 빠져나와 집으로 가려고 하는데 등 뒤를 무엇이 세게 찌르는 것이 느껴졌다. 뒤를 돌아보니 경찰의 총이었다. 경찰들은 매복하고 있다가 세브란스 병원에서 나오는 사람들을 모조리 잡아들였던 것이다. 그렇게 해서 나는 남대문 경찰서에 끌려가 시위 가담 여부를 추궁받으며 모진 매를 맞았다. 그리고 이틀을 경찰서 유치장에 갇혀 있다 겨우 단순 가담자로 풀려나게 되었다. 지금 생각해봐도 내가 어떻게 그 긴박한 시위 현장에서 손을 들고 나가 부상자를 부축했는지 모르겠다. 아마 서울 올라와 닥치는 대로 일하며 청계천 다리 밑에서 양아치들과 어울려 생활하면서 배짱과 담력을 두둑이 키웠던 덕분인 것 같다.

그런 우여곡절을 겪으며 시작한 고 3 생활은 결코 순탄하지 않았다. 낮에는 공부하고 틈틈이 장사하며 학교를 마쳤는데, 서울대학교 법학과를 지원하여 보기 좋게 낙방했다. 하지만 나는 여기에 굴하지 않았다. 힘들게 학업을 시작했는데 한 번의 실패로 포기할 수는 없었다. 1961년 재수를 시작했다. 재수를 하면서는 그동안 해온 장사도 때려치우고 모아둔 돈으로 1년간 공부에만 매진하기로 마음먹었다. 아마도 그 1년 동안 습득한 지식이 내 평생의 기초 지식 자산이 되었을 것이다. 그러자 이번에는 5·16 군사혁명이 터졌다. 당시 박정희 소장이 쿠데타로 정권을 장악했는데, 군사혁명위원회를 조직하고 전권을 장악하면서 여섯 개의 혁명 공약을 발표했다. 그런데 나는 5·16 군사혁명이 대학 진학에 걸림돌이 될 것이라고는 꿈에도 생각하지 못했다. 군사정부는 반공을 제1의 국시로 삼고 국가 자주 경제 확립과 공산주의와 대결할 실력을 배양할 것을 강조했는데, 대학 입학에서도 체력장이라는 제도를 신설하여 반영하도록 한 것이다.

당시에 대학 입학은 대학 입학 자격 국가 고사로 시험을 봤는데, 나의 전국 석차는 110등 정도였다. 서울대 법학과 정원이 150명이었으니 무난히 합격할 수 있는 성적이었는데, 문제는 체력장이었다. 나는 어릴 때 소아마비를 앓은 적이 있어 한쪽 다리가 불편했는데, 체력상 점수에서 50점 중에 기본 점수인 25점밖에 받지 못했던 것이다. 그렇게 합산을 하고 나니 종합 성적으로 서울대학교 법학과에 또다시 낙방했다.

그러고 나서 후기로 성균관대학교 법학과에 수석으로 입학했다. 그런데 수석으로 입학했음에도 후기 입학이라는 이유로 장학금을 받지 못했다. 결국 대학교를 1학기만 다니고 더 이상 다닐 수 없었다. 그렇게 수십 년이 지난 후 2002년 8월, 모교인 성균관대학교에서는 나에게 명예졸업장을 수여했다. 명예 대학 졸업장을 받기까지 40여 년 동안 나는 배우는 학생이었다. 즉, 나는 예순이 넘을 때까지 학생이었던 셈이다.

나의 멘토,
김태중 회장

앞서 눈보라의 추억에서 언급했듯이, 나는 결혼과 동시에 사업이 망해 무일푼이 되어 호떡 장사를 하며 결혼 생활을 시작했다. 내 아내는 항상 실패만 하는 아버지(장인)때문에 작은아버지가 거의 보호자였다. 나는 아내의 아버지가 운영했던 종이 박스 공장에서 일하다가 나중에는 그 공장을 인수하여 운영하게 되었는데, 그때 아내와 연애를 시작했다. 결혼을 약속하며 사랑을 키워가던 중 그만 박스 공장이 망해버렸다. 그때 무일푼이었던 나와의 결혼을 승낙했던 분은 다름 아닌 아내의 작은아버지, 즉 처숙부님이셨다.

당시 아내의 집안에서는 아무것도 볼 것 없는 나와의 결혼을 반대했는데, 유일하게 처숙부님은 내 편이 되어주셨다. 결혼식도 할 수 없는 처지인 우리를 위해 처숙부님은 17만 원을 빚을 내서 청첩장이며 예물

등을 마련하여 결혼식을 올리게 해주셨는데, 결혼식 당일 축의금으로 20여만 원이 들어와 나머지 3만 원을 나에게 주시며 방을 얻어 살라고 하셨다. 지금 생각해보면 축의금 20만 원도 모두 그분의 지인들이 만들어준 돈이었다. 참으로 내 인생에서 고마운 분이다. 처숙부님은 이후로도 내가 사업을 할 때나 크고 작은 어려움을 겪을 때마다 곁에서 든든한 버팀목이 되어주셨다.

나중에 솔고를 창업하여 부도가 났을 때, 내 이름으로 사업을 할 수 없을 때 흔쾌히 자신의 이름으로 사업을 계속할 수 있도록 도와주셨을 뿐 아니라, 회사가 어려울 때면 자신의 집을 담보로 제공하시며 회사가 다시 일어서는 데 큰 도움을 주셨다. 어쩌면 오늘의 솔고가 있기까지 처숙부님의 공이 가장 크다고 할 수 있다. 당시 그분은 서울시 경찰 간부이셨는데, 나중에는 남대문 경찰서장까지 지내셨다. 지금은 고인이 되신 김태중 회장님, 내 인생에서 어머니 다음으로 나에게 큰 영향을 주신 분이다. 아버지 없이 생활했던 나에게 부성父性을 느끼게 해준 분이자 우리 사업의 든든한 후원자, 그리고 내 인생 단 한 분의 멘토였던 분이다. 이 지면을 빌려 진심으로 감사와 존경의 마음을 전하고 싶다.

찍새와
딱새

　이것저것 닥치는 대로 일해야만 먹고살 수 있었던 시절, 많은 일을 해보았다는 것은 하는 일마다 크게 돈벌이가 되지 않았거나 일이 그다지 재미있지 않았거나 비전이 없었다는 뜻이기도 하다. 또한 가진 것이 없었기에 자본이 필요 없는 일을 하다 보니 군밤 장수며 아이스케키 장수, 막노동을 했는데, 그중에서 특별히 기억에 남는 일이 있다. 바로 구두닦이이다.

　당시에는 구두닦이가 지금처럼 간이 상점으로 되어 있지 않았다. 길거리 한구석에 자리를 잡고 지나가는 손님이 발을 올려놓으면 구두를 닦았다. 그 당시 '슈샤인보이'라고 불리던 구두닦이는 그렇게 구두 통을 들고 다니며 사람이 많이 다니는 길목에 앉아 구두를 닦았다. 그러다가 구두닦이도 점차 좋은 목에 자리를 잡거나 건물 지하에 터를 잡아

영업하는 시대로 바뀌었다. 특히 대형 건물의 구두닦이는 기존과는 다른 영업 방식을 만들었는데, 바로 '찍새'와 '딱새'의 분업이었다. 신발을 닦는 사람을 '딱새', 신발을 가져오는 사람을 '찍새'라고 한다. 신발을 닦으니 딱새요, 신발을 찍어 오니 찍새였던 셈이다. 찍새가 건물 구석구석을 누비며 구두를 가져오면, 딱새는 하루에 수십 켤레를 닦았다. 나도 구두닦이를 하면서 찍새도 해보았고 딱새도 해보았다.

나는 이 구두닦이를 하면서 매우 중요한 깨달음을 얻었는데, 그것은 기본에 충실하자는 것과 제조업과 서비스업의 융합이었다. 구두 광을 내는 것이 생각만큼 쉬운 일이 아니다. 구두의 가죽과 신발의 모양과 종류에 따라 일일이 광을 내는 것이 한두 번의 연습으로 되는 것이 아니다. 그런데 제대로 된 광을 내며 구두를 상하지 않게 하고 그 광이 오래도록 지속되게 하려면 그야말로 기본에 충실하지 않으면 안 되었다. 밑창부터 테두리, 구두끈 부위까지 섬세하게 약칠을 하려면 맨손으로 정성껏 발라야 했다. 그렇게 섬세하게 바른 후에 오래도록 광이 유지되게 하려면 물 묻은 융으로 잘 닦아야 했다. 하루에 수십 켤레에서 많게는 백 켤레 넘게 구두를 닦으려면 이렇게 구두 한 켤레 한 켤레를 정성껏 닦는다는 것이 얼마나 힘든 일인지 모른다. 또한 찍새의 고충도 여간 힘든 것이 아니었다. 각 층마다 있는 단골 고객이며 언제 닦아서 언제 가져다줘야 하는지 다양한 고객과 구두를 일일이 기억해야 했고, 또 언제 수금해야 하는지 정리하는 것 역시 매우 힘든 일이었다. 한 켤레의 구두를 닦는 일에도 이렇게 찍새와 딱새의 고충과 노력과 노하우가 녹아져야 한다는 것을 그때 깨달았다.

　우리 솔고는 의료 기기 제조업에서 시작하여 지금은 건강 서비스업을 운영하는 회사로 성장했다. 제조업을 발판으로 해서 서비스업으로 사업을 확장했는데, 그럴 수 있었던 기반에는 어쩌면 구두닦이 찍새와 딱새의 경험이 녹아든 것일지 모른다. 내가 솔고를 시작했던 1974년에 우리 회사는 매우 초라한 가내수공업에 불과했다. 당시 우리와 비슷한 제조 회사 중에 우리보다 기술력으로 보나 규모로 보나 더 크고 앞서가는 회사가 많았다. 하지만 수십 년의 세월이 흐른 지금 돌이켜보니, 우리 솔고가 지금껏 버틸 수 있었던 데에는 젊은 시절 2년간의 영업 경험(찍새)이 큰 몫을 했다고 생각한다. 나는 찍새와 딱새의 경험을 통해서 서비스업과 제조업의 차이를 자연스레 알게 되었고, 어떻게 하면 제조업이 성공할 수 있는지, 또 어떻게 하면 서비스업이 성공할 수 있는지에 대해서 나름대로 경험했던 것이다. 찍새와 딱새의 융합, 그것이 우리 솔고의 밑바탕이고 지금까지 버텨온 힘인지도 모른다.

비빔밥
문화

비빔밥은 항공기 기내식 역사상 최고의 히트 상품이다. 얼마 전 사망한 팝의 황제 마이클 잭슨도 1999년에 방한했을 때 기내식으로 나온 비빔밥 맛에 반해 그 후 비빔밥의 애호가가 되었다고 한다. 내가 어릴 때 주로 먹던 비빔밥은 '밥에 간장만 넣어 비빈 비빔밥'이었다. 다른 나물 없이 밥에 고춧가루를 듬뿍 탄 간장만으로 밥을 비볐는데, 거기에다 참기름 한 방울 떨어뜨려 비벼 먹는 그 오묘한 맛이란 아마도 요즘 세대는 짐작하기 어려울 것이다.

한국인의 음식에는 비빔밥, 비빔냉면, 비빔국수 등 유난히 비비는 음식이 많다. 사전에서 비빔밥을 찾아보니 "볶은 고기나 나물 등 양념과 고명을 섞어서 비빈 밥"이라고 나와 있다. 그러나 밥에 소금만 넣어 만든 주먹밥도 가장 초보적인 비빔밥이다. 김치를 넣으면 김치 비빔밥, 산나물을 넣으면 산채 비빔밥, 낙지를 넣으면 낙지 비빔밥, 회를 넣으면 회 비빔밥 등 무엇을 어떻게 비비느냐에 따라 독창적인 맛을 내는 갖가지 비빔밥이 만들어진다. 비빔밥은 이렇게 한 가지 주재료만 바꿔도 얼마든지 색다르고 독창적인 수백 가지의 요리로 탄생할 수 있다는 점이 흥미롭다. 이 비비는 마인드는 비즈니스 측면에서도 배울 만한 점이 많다. 비즈니스로 본다면 융합이 바로 비빔밥이기 때문이다. 오늘날 새로운 것을 창조해야 하는 기업들로서는 반드시 접목해야 할 비법이 아닐까 싶다.

흔히 21세기를 비즈니스 3.0 시대라고 한다. 비즈니스 3.0 시대는 '창조와 혁명'의 시기라고 말한다. 결국 창의력과 상상력을 바탕으로 새로운 사업 기회를 창출해야 생존할 수 있는 시대인 셈이다. 이러한 창조혁명에 동참하지 못한 기업은 실패하거나 아예 자취를 감추기도 한다. 필름을 생산하던 코닥이라는 회사가 그랬다. 코닥은 필름 카메라 시대에는 절대 강자였다. 그런데 디지털카메라가 등장하며 코닥은 점차 쇠퇴하고 말았다.

이렇게 시대는 무섭게 변화한다. 하지만 중소기업의 경우 급속하게 변화하는 트렌드에서 새로운 것을 창조해나간다는 것이 쉽지만은 않다. 하지만 모든 기업이 아인슈타인의 상대성이론이나 뉴턴의 만유인력의 법칙을 발견하고 창조할 필요는 없다. 다만 우리는 이미 알려져 있는 정보와 지식을 잘 조합하고 비빔밥 비비듯이 잘 섞어서 '게임의 틀'을 바꾸고 남과 다른 '독점적 가치'를 창출하면 된다. 구글이 그렇고, 애플

이 그렇고, 페이스북도 마찬가지이다. 이들의 성공 전략을 들여다보면 모두 기존의 지식을 어떻게 비빌 것인가 하는 고민의 결과물이다. 구글 같은 검색 사이트가 없었던 것이 아니며, 애플 같은 컴퓨터와 휴대전화 제조 회사가 없었던 것이 아니다. 페이스북도 마찬가지이다. 우리나라 에도 이미 페이스북과 비슷한 기능을 가진 사이트가 있었다. IT 분야 에 종사하는 사람이라면 페이스북이 기술적으로 어려운 하이테크놀로 지가 아님을 알 것이다. 세상은 이렇게 돌아가고 있다.

오늘날 세상은 융합을 잘할 수 있는 환경이 조성되었다. 정보와 지식 은 넘쳐나고 접근도 아주 용이하다. 그 정보와 지식을 잘 비비면 된다. 그래서 융합은 비빔밥을 만드는 과정과 별반 다르지 않다.

매년 혁신적인 기업 목록에 올라가는 글로벌 기업들이 있다. 단골로 등장하는 기업 중에는 항상 3M, 구글, 애플 등이 포함된다. 그런데 이 기업들에는 한 가지 공통점이 있다. 업무 시간에 구성원들은 각자 자기 가 하고 싶은 일에 매달려 일할 수 있는 자유로움이 있다는 것이다. 이 런 것이 가능하려면 기업의 문화와 분위기가 갖추어져 있어야 할 텐데, 나도 요즘 솔고의 조직원들에게 비빔밥 리더십을 강조하고 있다. '비빔 밥 리더십'이란 '생각을 비벼라', '마음을 비벼라', '상황을 비벼라', '손을 비벼라'라는 것이다. 창조하려면 생각을 비비고, 역경을 극복하려면 상 황을 비비고, 인간관계를 키우려면 마음을 비비고 손을 비벼서 스킨십 과 소통할 수 있는 능력을 키우자는 말이다. 이 비빔밥 리더십은 나를 비롯해 우리 회사 조직원들을 창조적으로 바꾸어주는 핵심 요소가 될 것이라고 확신한다. 이를 통해서 고객들에게 감동을 주고 싶다.

　나는 우리 민족의 유전자 속에 비빔에 대한 DNA가 내재한다고 확신한다. 비빔으로 만들어진 독특한 한국인만의 정서와 문화가 있다고 믿는다. 학자들은 지금 시대를 창조의 시대요, 융합의 시대요, 통섭의 시대라고 말한다. 융합과 통섭이 강조되다 보니 인문학과 소통이 함께 강조되기도 한다. 나는 융합이니 창조니 통섭이니 하는 말이 결국은 비빔밥과 같다고 본다. 결국 내가 가진 경험과 지식을 바탕으로 다른 사람의 경험과 지식을 잘 비벼서 새로운 맛을 내는 것. 그것이 창조요, 융합이요, 통섭이다. 융합이라는 것이 꼭 거창한 인문학적 지식을 동원해야 하는 것은 아니다. 단순한 경험일지라도 그 경험 하나하나를 소중히 여긴다면, 어느 순간 자연스럽게 융합의 에너지로 발산되는 것을 느낄 수 있다. 그런 의미에서 비빔밥 문화를 만들고 자연스러운 융합의 DNA를 갖춘 우리 한민족은 21세기를 이끌 미래 지향적 인재 군단이라 할 수 있다.

소나무의 옹이 :
스테인리스의
모든 것

　많은 사람이 나에게 솔고라는 이름이 무슨 뜻이냐고 물어본다. 또 영어로는 'SOLCO'라고 표기하는데 발음상 '솔코'가 되니 왜 'SOLGO'라고 쓰지 않고 그렇게 표기하느냐고 묻기도 한다. 나는 대답하기를 거느릴 솔率 자, 높을 고高 자를 써서 높은 것을 거느린다는 뜻의 기백을 담은 의미한다고 답한다. 또한 영어로 'SOL'은 'solar'에서 온 말로 태양을 의미하고, 'CO'는 'company'의 줄인 말로서 태양과 같이 온 세계를 비추는 회사가 되겠다는 포부를 담았다고 설명하기도 한다. 또 다른 뜻으로는 순우리말로 '솔'은 소나무를 의미하고 '고'는 옹이의 고어로서 '소나무의 옹이'라는 뜻을 가진 것이니, 사시사철 변함없는 소나무의 단단한 옹이로서 군건함과 단단함을 상징하는 말이라고 설명하기도 한다. 어떤 의미로 풀든지 솔고는 당당하고 기백이 넘치는 이름임에 틀림없다. 그러나 사실은 그런 거창한 뜻을 담아 회사명을 지은 것이 아니다.

앞서 언급했듯이 결혼 후 먹고살기 위해 호떡 장사를 하던 어느 날, 당시 경찰서 간부로 근무했던 처숙부님(김태중 회장)께서 내가 호떡 장사를 하는 것을 아시고 자신을 찾아오라고 하셨다. 그래서 찾아갔더니 50만 원을 건네시며 호떡 장사를 그만하고 다른 일을 해보라고 권유하시는 것이 아닌가. 그렇게 해서 나는 그 돈을 보증금으로 의료기 판매업을 시작하게 되었다. 1970년대는 병원용 수술 기구며 의료 장비가 전부 미군 부대에서 흘러나오는 장물이었다. 심지어 국공립 병원에서 입찰 공고가 나오는데 사실 속내를 들여다보면 미군 부대에서 나오는 군수품을 가지고서 입찰하라는 의미와 같았다. 그렇게 모든 산업 분야가 열악했던 시절, 의료 기기 보따리장수라는 전혀 새로운 업종으로 방향 전환을 하게 되었다.

그렇게 의료 기기를 판매하던 어느 날, 내 인생을 바꾼 한 권의 책을 만난다. 우연히 청계천 책방에서 《스테인리스의 모든 것》이라는 작은 영문 책자를 발견하고 구입했다. 그 책을 읽고서 나는 당시 획기적인 발명품으로 각광받은 스테인리스가 여러 분야에 접목된다는 사실을 알게 되었다. 그 전까지 스테인리스 하면 한 가지뿐인 줄 알았는데 용도마다 다양한 종류의 스테인리스가 있었다. 그중에서 의료 기구용 스테인리스가 내 눈을 사로잡았다.

"이거다!"

섬광처럼 아이디어가 떠올랐다. 이런 스테인리스라면 의료용 수술 기구를 만들 수 있겠다는 생각이 들었다. 미제 의료 기기를 파는 것에서 벗어나 내 손으로 수술 기구를 만들 수 있겠다는 자신감이 생겼다. 생각이 여기에 이르자 곧바로 실행에 옮겼다. 젊은 날, 철공소에서 일하며 밀링이며 절단이며 배웠던 것이 생각났다. 나는 조그마한 절단기를 구해 수술 기구들을 직접 만들기 시작했다. 그것이 대한민국 최초의 국산 의료 기구의 탄생이 될 줄은 꿈에도 몰랐다. 주로 수술칼이나 수술 가위 등을 만들었는데, 일일이 자르고 깎고 다듬어서 만드는 수제품이었다.

시장에서의 반응은 생각보다 좋았다. 제품이 한둘 팔려나가기 시작했다. 그러자 내 제품을 취급하던 판매상들이 당시 의료 기구로 유명했던 외제 브랜드를 새겨달라고 했다. 당시 미 군수품에서 나오는 의료 기구들은 대부분 HOLCO stainless, SILCO stainless, AMICO stainless 등의 상표가 표시되어 있었는데, 내 제품에도 그런 상표를 표시해달라는 요구였다. 일종의 상표 도용이었다. 당시만 해도 상표권이니 하는 개념조차 없던 터라 비슷하게 만들어 유명한 브랜드를 도용하는 것이 일반적이던 시절이었는데, 나는 차마 그럴 수가 없었다. 그래서 고심 끝에 기존의 브랜드와 겹치지 않는 새로운 브랜드를 만들어냈는데, 그렇게 해서 탄생한 것이 'SOLCO'였다.

당시 외국 회사 브랜드 중에는 HOLCO, SILCO, AMICO 등 뒤에 'CO'가 붙는 브랜드가 많았는데, 나도 그것을 흉내 낸 것이었다. 결국 거느릴 솔이니 높을 고니 하는 이야기며 소나무의 옹이 등은 나중에

붙여진 뜻이고, SOLCO는 외제 브랜드를 유사하게 흉내 낸 것이었다. 당시 우리 회사 이름은 우일공업사였는데, 1978년도에 보건사회부에서 의료 기기 제조업 허가 제도를 만들어 업체들을 관리하기 시작했다. 우리 회사도 의료 기기 제조업 허가 신청을 했는데, 그만 서류가 반려가 되고 말았다. 우일공업사로 허가를 받지 못했으므로 다시 이름을 지어서 재신청을 해야 했는데 고민 끝에 솔고산업사로 지었다. 브랜드인 'SOLCO'는 도무지 받아들여지지 않을 것 같았기 때문이었다.

그런 우여곡절 끝에 '솔고산업사'로 의료 기기 제조 허가를 받았다. 솔고가 탄생한 순간이었다. 사람들이 솔고라는 이름을 잘 못 알아들으면 그때마다 당시 유행했던 솔 담배의 솔 자에다 높을 고 자라고 설명했는데, 그러면 쉽게 알아듣곤 했다. 지금에야 이름을 잘 지었다는 말을 많이 듣지만, 솔직히 이야기하면 국산 의료 기기가 없고 의료 기기하면 전부 외제품이던 그 시절에 의사나 간호사의 구미에 맞춰 외국 제품처럼 오인하게 만들었던 브랜드였던 것이다.

제품 카탈로그와
부도

1978년도에 정식으로 의료 기기 제조업 허가를 받은 솔고는 생산하는 제품 수도 상당히 많아져서 당시 병원에서 필요한 웬만한 수술 기구는 모두 만들게 되었다. 불과 회사 설립 4년 만에 이룬 성과였다. 100퍼센트 외제품에 의존하던 의료 기구 시장에 뛰어들어 국산화를 성공시킨 최초의 회사라는 자부심도 생겨났다. 당시 솔고가 만든 제품은 외제품에 비해 손색이 없었고, SOLCO 브랜드는 외국 브랜드와 당당히 어깨를 나란히 했다. 나는 이에 자신감을 갖고 제품 카탈로그를 제작했다. 그 전까지는 제품 카탈로그 없이 그냥 샘플 제품만으로도 영업이 잘되었기 때문에 카탈로그 제작의 필요성을 느끼지 못했다. 하지만 제품 수가 많아지자 종합 카탈로그가 필요했고, 이것을 전국 병원에 뿌리면 영업이 훨씬 잘되리라고 생각했기 때문이다.

그렇게 해서 1979년에 회사 설립 후 처음으로 솔고 제품 카탈로그를 만들어 1980년 봄에 전국 병원으로 발송했다. 그러자 의외로 거래하던 의료기 판매업자들의 거센 항의가 들어왔다. 그들의 항의 내용은 우리 솔고 때문에 자신들이 망하게 되었다는 것이었다. 이유인즉슨 그동안 판매상들은 SOLCO 제품을 판매하면서 외제품인 양 팔았던 것이다. 그런데 솔고 카탈로그를 보고 병원의 의사들과 간호사들이 SOLCO가 외제품이 아닌 국산 제품인 것을 알게 되었다. 그러자 병원에서는 사기를 당했다며 업자들에게 항의한 것이었다. 업자들은 더 이상 그 병원들과 거래도 할 수 없고 외상값도 받지 못하게 되었다며 이제 솔고 때문에 망하게 되었다고 항의했다.

시중의 제품들은 하나도 팔리지 않았고, 결국 자금이 돌지 않아 회사는 극심한 경영난을 겪게 되었다. 결국 1982년 1월 15일, 돌아온 어음을 막지 못해 부도가 났다. 나는 부정수표단속법으로 경제사범이 되어 구속되었다. 하늘이 무너지는 기분이었다. 각고의 노력 끝에 국산 의료 기기를 선보이며 앞만 보고 달려왔는데, 회사를 잘 알리려고 만든 카탈로그로 말미암아 회사가 부도를 맞는 상황이 발생한 것이었다.

나는 카탈로그를 만들면서 SOLCO라는 제품이 지금까지 의사들이 사용하며 품질을 인정받았기 때문에 외제품과 비교해도 뒤지지 않는 국산 제품임을 알리고 싶었다. 실제로 병원에서는 우리 제품을 외제로 알고 사용했는데, 그것은 솔고 제품의 품질이 그만큼 좋음을 증명한 것이다. 나는 국산도 이만큼 좋다는 것을 알리고 싶었고, 내심 "봐라, SOLCO가 우리가 만든 제품이다"라고 선포하며 세상에 인정받고 싶은 욕심이 있었던 것이다. 일종의 자만이었다. 그리고 그 자만심이 마케팅의 큰 실패를 불러온 것이다. 그 대가는 혹독했다. 나는 회사가 부도나 경제사범이 되었고 업계에서는 사기꾼이 된 것이다.

유치장에 갇혀 있으면서도 사태를 해결하려고 최선을 다했다. 생각해보면 솔고 제품을 외제품인 줄 알고 구입했더라도 그동안 전혀 이상 없이 사용했다는 것은 제품 자체가 좋다는 것을 의미한다. 카탈로그가 아니었다면 국산품인 줄 전혀 모를 정도로 제품이 우수했다는 말 아니겠는가. 내 말에 판매상들과 병원들도 점차 수긍했다. 따지고 보면 국산 제품이 이렇게 좋은 품질을 가졌다는 것에 오히려 박수를 받을 만한 일이었다. 나는 의료 기구들은 유통기한이 따로 있는 것도 아니고 제품이 그대로 창고에 있으니 제품을 팔아 어음을 갚겠노라고 합의하여 두 달 만에 풀려났다.

그렇게 회사 설립 후 처음으로 만든 카탈로그로 말미암아 내 인생 처음으로 부도를 맞아 구속까지 되는 경험을 했다. 나는 그때 가슴 깊이 큰 가르침을 얻었다. 마케팅에서 최대의 적은 바로 자만심이라는 것이었다. 《성경》에 보면 "교만은 패망의 선봉이요, 거만은 넘어짐의 앞잡이"라는 말이 있다. 바로 나의 이야기였다. 나는 그 후로 회사를 운영하면서 회사를 드러내거나 나 자신을 드러내지 않기 위해 최대한 노력했다. 그리고 더욱더 품질과 기술로 승부하자고 마음먹게 되었다. 나는 지금도 솔고의 카탈로그를 볼 때마다 회사를 망하게 했던 그때의 그 카탈로그가 생각난다.

지금 돌아봐도
잘한 것 두 가지

누가 나에게 지금껏 살아오면서 가장 잘했다고 생각하는 일이 무엇이냐고 묻는다면 나는 주저 없이 솔고의 이름을 지켜낸 것이라 말하고 싶다. 앞서 이야기했듯이, 솔고가 부도나서 나는 경제사범이 되었다. 그동안의 노력이 물거품이 되고 유치장에까지 갇혔으니 그때의 참담한 심정은 이루 말할 수 없다. 그동안 키워왔던 SOLCO라는 브랜드는 무너졌으며 업계에 부도가 났다고 소문이 파다했다. 대부분 부도가 나면 새로운 이름으로 다시 시작하기 마련이다. 왜냐하면 한 번 부도난 회사의 위신을 다시 세우고 신뢰를 회복하려면 몇 곱절의 노력과 시간이 들기 때문이다. 그래서 회사가 망하면 망한 회사의 이름을 버리고 새로운 이름으로 재기를 꿈꾸게 된다.

하지만 나는 솔고라는 이름을 버릴 수 없었다. 반드시 솔고로 다시 일어서리라는 각오를 불태웠다. 나는 아내의 작은아버지였던 김태중 회장님의 명의를 빌려 다시 솔고라는 브랜드를 달고 제품을 만들었다. 그렇게 해서 솔고는 기사회생했고, 올해 창립 39주년을 맞게 된 것이다. 이렇게 솔고라는 회사명을 끝까지 지켜낸 것이 지금 생각해도 잘한 일이라고 생각한다.

또 한 가지 잘한 일이 있다. 나는 회사가 부도나기 전에 아파트 한 채를 구입해서 살고 있었다. 당시 회사는 안양 석수역 넘어 안양천변에 있었고, 내가 살던 집은 안양 비산동에 위치한 35평형 아파트였다. 그런데 카탈로그 발송 이후로 회사는 급격히 어려워졌고 직원들 봉급도 몇 개월 밀리게 되었다. 나는 아파트를 전세 놓고 공장 뒤쪽에 쪽방을 만들어 살기로 결심했다. 보증금 700만 원에 전세를 놓고, 우리 가족은 공장으로 이사해 들어가기로 했다. 200만 원을 계약금으로 먼저 받고, 잔금 500만 원은 이사 당일 받고 이삿짐을 꾸렸다. 이사하는 날은 일요일이었는데 직원들이 이사하는 것을 도와주었다.

그날은 몹시 춥고 바람도 많이 불었다. 짐을 공장에 가져와 내리는데 그만 세찬 바람에 장롱이 넘어져 아내가 맞았다. 아내는 정신을 잃고 쓰러졌다. 그런 사건을 겪으며 짐을 공장 마당에 내려놓고 직원 모두 중국집으로 가서 점심으로 자장면을 먹었다. 식사를 마치고 공장으로 돌아오는데 갑자기 아내가 "맞다, 돈!" 하고 소리쳤다. 전세금으로 받은 500만 원이 든 가방을 잃어버렸던 것이다. 당시에는 지금처럼 인터넷뱅킹이니 폰뱅킹이니 하는 것이 없어서 당일 현금이나 수표로 직접 지불하는 것이 관행이었는데, 전세금으로 받은 돈이 든 가방을 아내가 깜빡 잊어버렸던 것이다. 장롱에 머리를 맞아 기절하며 쓰러졌던 순간, 정신이 없었던 것이다.

짐을 푼 공장 마당이며 온 데를 샅샅이 뒤졌지만 가방은 자취를 감추고 말았다. 모두가 의심이 되는 상황이었다. 직원들 중 누가 가져갔다는 말인가? 그 돈이 어떤 돈인데……. 그곳에는 우리 가족과 짐을 나르는 직원들뿐, 다른 사람은 없었다. 직원들은 외려 우리 부부를 의심했다. 봉급을 주지 않으려고 빼돌렸다고 생각한 것이다. 나는 경찰에 도난 신고를 했다. 그랬더니 경찰은 직원들을 의심하여 직원 하나하나를 불러다 조사하기 시작했다. 그때 일한 직원 모두가 절도범으로 의심받는 상황이 된 것이다. 그들이 조사받는 것을 보니, 일요일에 쉬지도 않고 사장의 이사를 도와주러 나온 직원을 다 절도범 취급하는 것이 안타까웠다. 나는 도난 신고를 취하했다. 그렇다고 아내를 의심할 수도 없는 상황이었다. 아내는 아내대로 자신이 잘못했다는 죄책감과 사람들의 비난과 의심을 한 몸에 받는 처지였다. 도난 신고를 취하하자 아내와 나를 향한 직원들의 의심이 더 짙어갔다. "거봐라, 봉급 주지 않으려고 쇼한 거다. 그렇지 않으면 왜 도난 신고를 취하했겠는가?"

당시 500만 원이면 큰돈이었고 한 푼이 아쉬운 그때에 매우 절실한 돈이었다. 결국 나는 그 돈을 도난당한 채 공장 한구석에서 가족과 기거하는 신세가 되었다. 하지만 나는 아내를 채근하지도 비난하지도 않고 오히려 아내를 위로해주었고, 또한 직원들을 의심하지도 않았다. 그로부터 1년 후, 경찰서에서 연락이 왔다. 바로 1년 전 돈이 든 가방을 훔친 범인을 잡았다는 것이었다.

경찰서로 달려가 보니 10대 청소년들이었다. 그들은 여기저기 몰려다니며 절도 행각을 벌였고 전리도 익산에서 절도히다 잡혔는데, 어죄를 추궁하는 과정에서 1년 전 전세금 가방 사건을 실토한 것이다. 범인은 잡았지만 돈을 다 써버린 후였고, 그들의 가족도 도무지 변제할 능력이 없는 사람들이라 그 사건은 그렇게 일단락되었다. 하지만 그렇게 해서 직원들의 결백도 증명되었고, 아내의 결백도 증명되었다. 나는 지금도 그때 직원과 아내 모두를 의심하지 않고 비난하지 않았던 것을 내 인생에서 가장 잘한 일이라고 생각한다.

설상가상雪上加霜이라는 말이 있다. 엎친 데 덮친 격이라고, 안 좋은 일은 한 번으로 그치지 않고 겹쳐 오는 경우가 많다. 회사가 어려워져서 아파트를 전세 놓고 공장에 들어가 살기로 했는데 그 전세금마저 몽땅 도난당하고 아내와 직원들까지도 불신하며 반목할 일이 터진 것을 보면 그 말이 맞는다고 생각한다. 하지만 그런 최악의 상황에서도 다시 일어설 수 있었던 것은 서로를 향해 놓지 않았던 믿음의 끈 때문이었다고 생각한다. 아무리 어려워도 네 탓을 하지 않고 도리어 내 탓을 하며 서로를 믿어주고 격려한 것이 오늘의 솔고를 만들었다고 생각한다. 지금도 아내는 그때 일을 회상하며 당신하고 안 살고 싶었는데 그때 일 때문에 지금까지 함께 사는 거라고 농담조로 이야기한다.

새옹지마와
평택 공장

처음으로 부도를 겪고 다시 조심스레 재기를 위해 노력할 때였다. 1984년도에 군수 본부에서 이제부터는 자기 소유 공장이 없는 업체는 입찰 자격을 주지 않는다는 공시가 나왔다. 1987년 1월 1일부터 시행한다는 것이었다. 그때까지 우리 솔고는 공장을 임대하여 제품을 제조해왔는데, 부도를 겪고 일어서기 위해 힘겨운 나날을 보낼 때였다. 청천벽력 같은 소식이었다. 제품만 잘 만들면 되지 꼭 자기 소유의 공장이 있어야 한다는 말인가? 자기 소유의 공장이 없어도 기술 있고, 경험 있고, 기계만 있으면 얼마든지 제품을 만들 수 있지 않은가 말이다.

당시 솔고는 지금의 석수역이 있는 안양천변에 공장을 임대했는데 이제는 자기 소유의 공장을 갖춰야 했다. 그래서 1986년 말 부랴부랴 공장 부지를 찾아다녔는데, 그렇게 해서 오게 된 것이 현재 솔고 본사가 위치한 경기도 평택시 서탄면이다. 당시 조그만 벽지 공장이 망해서 기업은행에 넘어갔는데, 나는 은행과 협상해서 그 공장을 인수하기로 한 것이었다. 인수할 자금이 없으니 인수 대금을 전액 대출받는 조건으로 해서 공장을 인수했다. 그렇게 해서 평택에 자가 공장을 세우게 되었고, 그 덕에 계속 군납을 할 수 있었다.

자기 소유의 공장이 생겼다고는 하지만, 빚을 내 들어와서 이자 부담도 컸고 직원들의 출퇴근도 이만저만 고생이 아니었다. 직원들 출퇴근 용도로 중고 버스를 구입해서 운영했는데 항상 버스 기사가 문제였다. 직원들과 트러블도 많았고 툭하면 술 마시고 결근하기 일쑤였다. 나는 하는 수 없이 버스를 직접 몰며 직원들을 출퇴근시켰다. 당시 나의 운전면허는 1종 면허였는데, 버스를 운전하려면 대형 면허가 필요했다. 나는 대형 면허도 없으면서 무려 1년 이상 버스를 몰며 직원들과 함께 출퇴근했다. 지금 생각해보면 아찔한 순간이 아닐 수 없다. 얼마나 무모한 일이었나 싶다. 만약에 사고라도 나면 어쩔 뻔했는가?

당시 나는 군수 본부의 조치에 대해 매일같이 욕을 해댔다. 도무지 이해가 되지 않는 처사라고 생각했다. 그런데 지나고 보니 그 조치로 인해 어쨌든 내 공장을 소유할 수 있었고, 그것을 기반으로 솔고는 안정적으로 성장할 수 있었다. 만약 그때 그렇게라도 무리해서 공장을 마련하지 않았다면 아마 그 후 더 많은 시간과 금액이 들었을지 모를 일이다. 어쩌면 현재까지도 우리 소유의 공장이 없었을 수도 있다. 그런 면에서 인생은 참으로 새옹지마塞翁之馬이다. 힘들고 어려운 순간에 취해진 군수 본부의 냉혹한 조치가 당시에는 무척 고되었지만, 지금은 그것이 오히려 복이었음을 고백한다.

항상성의
법칙

내가 매일 스스로에게 다짐하는 것 중 하나는 항상 배움의 자세를 잃지 말라는 것이다. '평생 학습'이라는 말이 있다. 주변을 둘러보면 평생교육센터라는 곳도 어렵지 않게 찾아볼 수 있다. 평생 공부해야 한다는 말은 어쩌면 진부한 이야기일 수 있다. 또 우리 사회는 어릴 적부터 줄곧 공부하라는 이야기만 하고 있으니 공부 이야기만 나와도 손사래를 치는 사람도 있을 것이다. 하지만 21세기에 들어와 세상은 빠르게, 그리고 근본적으로 변화하고 있다. 변화하는 시대를 살아가는데 공부는 매우 중요한 일이다. 나뿐만 아니라 누구에게나 학습은 중요한 일이다.

경영의 신으로 불렸던, 마쓰시타 전기의 창업자인 마쓰시타 고노스케는 "하늘이 가난을 주었기에 부지런함을 얻었고, 병약함을 내렸기에 건강의 소중함을 깨달았으며, 또 충분히 교육받지 못하여 모든 사람을 스승으로 삼을 수 있었다"라는 말을 남겼다. 칼 구스타프 융도 사람은 누구나 부족한 것을 채우면서 살아간다고 했다. 매우 설득력 있는 이야기라고 생각한다. 나에게도 부족한 과거가 있었기 때문에 지금 이 나이가 되도록 열심히 공부하는 것이 아닐까 싶다.

내가 인터넷이라는 용어를 접한 것이 아마 1996년 무렵이었던 것 같다. 나는 그때 인터넷을 새롭게 배워야 할 패러다임이라고 생각했다. 그래서 1999년에 서울대학교 경영대학원에서 5개월 코스인 최고경영자 EC 비즈니스ec-business 과정에 입학하여 인터넷을 배웠다. 요즘은 초등학생들도 인터넷을 자유롭게 사용하지만, 당시에는 이메일 계정을 가지고 있는 것만도 대단한 일이었고 이메일로 소통하는 것은 신세대만 할 수 있는 일이었다. 그 후로 지금까지 페이스북, 트위터, 스마트폰 등 그때에는 상상도 못했던 인터넷 혁명이 계속되고 있다. 우리가 살고 있는 이 시대는 인류 역사상 가장 큰 변화의 시작이라 할 수 있지 않을까?

PC 주도의 IT 시대에서 모바일 중심의 시대로 변화하고 있다. 그 변화의 폭과 깊이가 너무 커서 잠시라도 배움을 소홀히 한다면 바로 "우물 안 개구리" 신세가 되고 만다. 세상은 아는 만큼 보인다고 한다. 나는 이 말에 공감한다. 아는 만큼 보이고, 보이는 만큼 나아갈 수 있다. 흔히 나이 들면 배움이 필요 없다고 생각하는데, 나는 나이에 비례해서 배움의 시간이 늘어나야 한다고 생각한다. 나이에 비례해서 학습 시간이 늘어나야 한다는 것이 내가 가진 평생 학습의 원칙이다. 우리 몸은 생리적으로 밸런스를 유지하려는 항상성의 원칙이 있다고 한다. 이 항상성의 원칙으로 인해 인간은 항상 같은 컨디션을 유지하고자 끊임없이 몸의 기관들이 움직이며 생명을 유지한다. 나는 학습에도 이 항상성의 원칙이 적용된다고 생각한다. 나이를 먹으며 점차 신체 기능은 떨어지지만 그만큼 부족해진 신체의 기능을 다른 무엇으로 보완해야 하는데, 그것이 영적 성장이다. 영적 성장이란 내면의 성장과 지혜의 성장을 의미한다. 그래서 나이가 늘수록 배움의 시간이 더 많아져야 한다. 나이에 비례해서 배움, 즉 학습의 시간이 길어져야 한다는 것이다.

그러나 우리 사회는 반대로 움직이는 경향이 있다. 젊었을 때 워낙 공부에 대한 스트레스가 심했던 탓일 수도 있겠다. 젊어서 공부를 많이 하고 나이가 들면 공부를 덜 하는 것으로 생각하기 때문이다. 미국의 어느 대학에서는 노인의 정의를 나이로 규정하지 않고, 더 이상 배우지 않는 사람으로 규정한 바 있다. 그 말은 젊게 사는 가장 확실한 방법은 끊임없이 배우는 자세임을 강조하는 것이기도 하다. 인생 100세의 시대, 항상성의 원칙에 따라 나는 지금도 세상을 스승 삼아 배움의 시간을 늘리고자 노력하고 있다.

변화와
습관

지난 세기 말, 아마도 1990년에 들어서면서 우리 사회에 변화라는 바람이 세차게 불어왔다. 어떤 자기계발서도 변화에 대한 이야기가 빠지면 자기계발서가 아니다, 변해야 산다고 온 세상이 외쳐댄다. 세상이 급격히 변하는 것은 틀림없는데, 사람들도 함께 변하는 것 같지는 않다. 누구나 변화를 말하기는 쉽지만 변화하기는 매우 어렵다. 머리로는 변화해야 한다는 것을 알더라도, 막상 몸으로 움직이는 것은 어려운 일이기 때문이다.

또한 좌뇌와 우뇌의 움직임이 서로 달라서 우리를 헷갈리게 한다. 사람들은 변화를 결과로 인식하는 경향이 있다. 어떠한 것에서 바뀐 결과물이 곧 변화라고 생각하는 것이다. 하지만 나는 변화는 결과가 아닌 과정이라고 생각한다. 변화라는 말 자체가 끊임없이 되어간다는

'화化' 자를 쓰듯이, 결과가 아니라 끊임없는 움직임이기 때문이다. 그래서 우리 삶의 과정이 곧 변화라고 하겠다. 고대 그리스 철학자 헤라클레이토스는 "같은 강물에 두 번 발을 담글 수 없다"라고 이야기했다. 우리가 살면서 단 하루도 같은 날을 살 수 없듯이, 끊임없이 변화해나가는 것이 인생이다.

내가 바꾸고자 하지 않아도 사실 세상은 매 순간 변화하고 있다. 그런데 이 사실을 깨닫지 못하고 변화를 거부하거나 옛 모습에 안주한다면, 그야말로 어리석은 삶일 것이다. 우리 솔고도 40년 가까이 운영해오면서 참으로 많은 변화를 겪었다. 예전에 솔고를 먹여 살렸던 히트 제품들은 지금 세상에서 자취를 감추고 말았다.

꽤 오래전 우리 회사의 구호는 "변해야 산다"였다. 내 기억으로는 1990년부터 우리 회사 구호로 정하여 공장 곳곳에 걸어두었다. 그 후로 우리 사회에 변화의 바람이 불었던 것 같다. 각종 언론에서도 변해야 산다고 했고, 삼성을 비롯한 모든 기업이 신경영 운운하며 변화를 외쳐댔다. 지난 세기말 10년, 그리고 21세기 10년을 되돌아보면, '하늘이 놀라고 땅이 갈라질 만큼' 엄청난 변화가 있었고 지금도 진행 중이다. 농경 사회의 변화 속도, 산업사회의 변화 속도, 그리고 지식사회의 변화 속도는 상상할 수 없을 정도로 다르다. 10년이면 강산이 변한다고 했는데, 지금은 하루면 강산이 변한다고 해도 과언이 아닐 것 같다.

사람은 생각하는 존재이다. 그래서 생각이 바뀌면 행동이 바뀌고, 행동이 바뀌면 인생이 바뀐다고 한다. 그런데 그 빠른 변화를 우리 솔고가, 또 내가, 우리 구성원들이 과연 따라가고 있는지 의문이 든다. 변하려면 당연히 학습과 교육을 통해 생각이 변해야 한다. 그래서 열심히 교육해왔지만, 과연 행동이 바뀌었는가? 아니다. 생각만으로 행동이 바뀌지 않는 것은 '버릇', 즉 '습관' 때문이다. 조직을 바꾸려면 '생각'을 우선 바꿔야 하지만, 구성원들의 '습관'을 바꾸지 않으면 변화는 절대 불가능하다. 변화는 곧 습관을 바꿔야 가능한 것이다. "세 살 버릇이 여든까지 간다"라고 하는데, 그 버릇, 즉 습관을 한 방에 바꾸는 약이나 방법을 개발하면 아마도 돈방석에 앉을 것이다.

진정한
소통의 시작,
경청

당나라는 중국 역사상 가장 태평하고 부강한 제국이라고 평가받는
다. 그 당나라를 통치했던 왕 중에 당태종 이세민은 가장 본받을 만한
인물로 알려져 있다. 당태종 이세민의 치세 전략을 담은 《정관정요》는
역대 황제의 필독서이자 고전으로 전해져 지금까지 읽히는 책이다. 그
렇다면 400명이 넘는 중국 황제 가운데에서 명군으로 인정받는 당태종
의 통치력과 인간됨은 어디에서 비롯된 것일까? 그것은 바로 '경청의 지
혜'였다고 한다. 당태종은 자신의 생각과 다른 의견에도 널리 귀를 기울
였던 현군이었고, 혼란한 세상일의 해답을 발견하고자 '귀를 열어 마음
을 얻는' 과정을 삶 속에서 몸소 실천한 인물이었다.

나이가 들수록, 지위가 올라갈수록 점점 실천하기 힘들어지는 덕목
이 무엇일까 생각해보면 경청이 아닐까 싶다. 나이가 들고 나면 경청하

는 일이 점점 더 어려워지는 것 같다. 하지만 당 태종은 "바른말을 하는 신하를 늘 곁에 두라"라고 말했다고 한다. 특히 그는 황제가 되기 전에 반대편에 있었던 사람들을 충실한 신하로 만들었으며, 자신에게 적대적인 사람들마저 치세를 이루는 동반자로 삼았다고 한다. 결국 그가 혼란한 세상을 잠재우고 역사상 유례없는 성세 '정관의 치貞觀之治'를 이룰 수 있었던 것은 통치 초기부터 신하들의 바른말에 귀를 기울였기 때문이라고 한다. 신하의 말이 비판적이어서 귀에 거슬리더라도 '영양가 있는 고언苦言'이 궁극적으로 자신은 물론 나라의 발전에도 도움이 된다는 것을 잘 알았기 때문이다. 신하가 군주의 잘못을 지적해주지 않고 아첨만 한다면 나라가 위기를 맞게 되기 때문이다. 그래서 당태종은 신하들에게서 많은 간언을 듣고 최대한 실행하고자 노력했다고 한다.

요즘 가장 큰 화두는 소통이다. 정치에서부터 경제, 사회, 가정에 이르기까지 소통이 중요하다고 이야기한다. 그런데 소통하려면 자신의 목소리를 높일 것이 아니라 자신의 귀를 넓혀야 한다. 소통의 기본은 경청이기 때문이다. 그렇다면 왜 소통이 중요할까? 소통을 통해 무엇을 얻는단 말인가? 나는 그것이 공감이라고 생각한다. 나와 네가 뜻을 공감하고, 생각을 공감하고, 꿈을 공감하는 것. 그 공감대를 바탕으로 나와 네가 아닌 우리가 되어 함께하는 것, 그것이 인생의 진정한 가치이며 무한한 에너지라고 생각한다.

아프리카 속담에 "빨리 가려면 혼자 가고, 멀리 가려면 함께 가라"라는 말이 있다. 머나먼 여정을 향해 떠나는 우리의 인생에서 나 혼자가 아니라 우리가 되어 함께하는 것은 무엇보다 소중한 가치이다. 흔히 "우리가 남이가!"라는 말을 한다. 이 말은 오래전 선거를 앞둔 정치권에서 사용되어 널리 유행되었는데, 다소 부정적 의미를 내포하고 있다. 하지만 나는 이 말이 관계 형성의 금과옥조라고 생각한다. 우리가 남이가! 너와 내가 남이 아닌 우리가 되어 함께하자는 말, 너와 내가 '우리'가 될 때 너와 나 사이의 벽이 허물어지고 서로를 이해할 때 공감대가 형성된다. 너와 나, 우리의 근원에 '경청'이 있다.

한편 경청은 훌륭한 학습의 방법이기도 하다. 균형 잡힌 생각을 하는 것, 지금 하고 있는 일의 단점을 찾고 장점을 발굴하는 것 등은 모두 소통과 경청에서 나온다고 생각한다. 나이 들어가면서 생각의 유연성을 더욱 길러서 완강한 고집불통 노인이 되지 않으려면 열심히 듣는 경청의 달인이 되어야 한다. 그것은 잘 아는데, 아직도 회의나 담론을 벌이다 보면 어느 순간 말이 많아지는 나를 깨닫는다. 그런 것을 보면 한심스럽기도 하지만, 한편 참으로 어려운 것이 '듣기'인 것 같다. 당태종 이세민의 지혜에 경외감을 느끼게 된다.

인생 100세,
창조 수명의 시대

"저 우물 안 개구리에게는 바다의 크기를 말해줄 수 없다. 자신이 사는 우물이라는 공간에 구속되어 있기 때문이다. 저 여름벌레에게는 얼음을 설명할 수 없다. 자신이 사는 여름이라는 시간에 구속되어 있기 때문이다. 저 시골 동네 선비에게는 진정한 도를 설명할 수 없다. 자신이 배운 것에 구속되어 있기 때문이다."

중국 도가 사상을 대표하는 장자가 한 말이다. 여기에서 장자가 말하는 개구리의 우물이라는 공간과 여름벌레의 여름이라는 시간은 우리를 구속하는 편견을 말한다. 편견에 사로잡혀 있으면, 우리가 실제 무엇을 보고 있어도 그것에 가로막혀서 실상을 보지 못한다. 또 들으려고 해도 들을 수 없다.

신은 모든 생명에게 삶에 필요한 무기와 도구를 주었다. 사자에게는 억센 발톱과 강한 이빨을 주었고, 독수리에게는 날카로운 부리와 커다란 날개를 주었고, 물고기에게는 물속을 자유자재로 헤엄치는 힘을 주었다. 그리고 사람에게는 생각을 주었다. 즉, 이성과 감성을 주었다. 그리하여 파스칼은 "인간은 생각하는 갈대"라고 했으며, 데카르트는 "나는 생각한다, 고로 존재한다"라는 명언을 남겼다.

현재 그 사람의 모습은 자신의 내면에서 생각하는 그대로 나타난 것이다. 어떠한 생각을 갖고 살아가느냐에 따라서 성격이 바뀌고, 환경이 달라지며, 미래의 모습도 좌우된다. 옳은 생각을 하는 사람에게는 옳은 일만 생기고, 헛된 욕망·거짓·절망을 생각하는 사람에게는 불행한 결과가 따르는 것은 당연하다.

많은 사람이 성공하기를 원한다. 그런데 성공하는 것과 성공하지 못하는 것은 자신이 갖고 있는 생각의 결과로 만들어진다고 한다. 하지만 요즘 사람들은 자신이 처한 환경에 많은 것이 좌우된다고 말한다. 흔히 현대사회를 부의 대물림 사회라고 한다. 풍족한 가정에서 태어나면 성공하고, 가난한 가정에서 태어나면 가난을 그대로 물려받는다고 한다. 그래도 아직은 우리 사회가 자신의 노력에 따라 얼마든지 성공할 수 있는 사회라고 생각한다. 다시 말해 아직도 개천에서 용은 날 수 있다.

예전에는 아메리칸드림이라 해서 성공을 꿈꾸며 미국으로 향하는 사람이 많았다. 하지만 이제는 '코리안 드림', 즉 한국에서도 얼마든지 성공을 꿈꿀 수 있다고 생각한다. 아무리 좋은 환경을 제공한다고 해도 결국 그것을 활용하고 앞으로 나아가는 것은 본인의 몫이다. 어떤 상황에 처하든지 그 상황을 통제하는 것도 자신의 몫이다. 이 모든 것은 자신의 생각에서 비롯된다. 생각은 신이나 절대 권력자도 감히 통제할 수 없는 무한하고 위대한 힘을 가졌다. 하지만 무한하고 위대한 생각의 힘도 스스로 갇힌 사고의 틀 안에서는 결코 자유롭지 못하다.

불과 50여 년 전 우리나라 사람들의 평균수명이 50여 세에 불과했으니, 지금의 내 나이라고 하면 이미 삶을 마감해야 하는 나이에 속한다. 하지만 지금은 어떠한가? 이미 평균수명이 80세를 넘어 100세를 향해 나아가고 있다. 국제연합UN에서는 평균수명이 120세가 될 것이라 예견하기도 하고, 어떤 미래학자는 2045년이 되면 불로장생의 시대가 올 것이라고도 이야기했다. 아무튼 100세 시대가 멀지 않은 것만은 틀림없다. 흔히 미래학자들은 다가올 미래 사회를 후기 정보화 사회 또는 꿈의 사회라고 이야기한다. 앞으로 닥칠 미래 사회는 지금까지 인류가 경험하지 못한 새로운 사회가 될 것인데, 그것은 장수 사회이다. 역사가 기록된 이래로 평균수명이 이렇게 높았던 적이 단 한 번도 없었으니 100세 인생의 시대는 인류가 겪는 최초의 현상일 것이다.

나는 100세 시대를 맞이하여 건강 수명을 넘어 창조 수명의 시대가 될 것이라고 생각한다. 예전에는 젊어서 열심히 일하고 예순 살이 되면 은퇴하여 편안한 노후, 즉 여생餘生를 편안히 보내는 것이 멋진 삶으로 생각되었다. 하지만 지금은 은퇴 이후 50년을 더 살아야 하는 시대가 되었다. 그런데 아무런 가치를 만들어내지 못하고 50년을 무위도식한다면 그 얼마나 서글프며, 또한 고통스러운 일이겠는가. 몇 년 전 인터넷에서 회자되었던 '어느 95세 노인의 회고'라는 글을 읽은 적이 있다.

나는 젊었을 때 정말 열심히 일했습니다. 그 덕에 65세 때 당당히 은퇴를 할 수 있었죠. 하지만 95번째 생일에 얼마나 후회의 눈물을 흘렸는지 모릅니다. 나는 퇴직 후 인생은 덤이라는 생각으로 살았습니다. 만약 내가 퇴직을 할 때 앞으로 30년을 더 살 수 있다고 생각했다면 나는 정말 그렇게 살지 않았을 것입니다. 그때 뭔가를 시작하기엔 너무 늦었다고 생각했던 게 큰 잘못이었습니다. 이제 나는 하고 싶었던 어학 공부를 시작하려 합니다. 10년 후 맞이하게 될 105번째 생일날 95살 때 왜 아무것도 시작하지 않았는지 후회하지 않기 위해서입니다.

나는 고령화 사회에서 가장 중요한 것은 자연 수명과 건강 수명을 일치시키는 것이라고 생각한다. 그러나 많은 사람이 자연 수명보다 건강 수명이 10~20년 정도 짧은 것이 현실이다. 이것은 자신은 물론이거니와 가족, 나아가 사회에도 엄청난 손실과 고통을 주는 불행한 일이다. 자연 수명과 건강 수명을 일치시키려면 무엇보다 끊임없이 배우고 생각하고 상상하는 노력을 해야 한다고 생각한다. 생각할 수 있으면 상상할 수 있고, 상상할 수 있으면 창조할 수 있다. 나는 이것을 창조 수명이라 부르고 싶다. 끊임없이 배우고 생각하고 상상한다면 얼마든지 새로운 것을 창조하는 창조의 달인이 될 수 있고, 건강 수명과 자연 수명도 더

불어 늘어날 것이다. 그런 의미에서 나는 나의 아흔다섯 살 생일날 왜 70대 때 무엇을 새로 시작하지 않았는가 하며 후회하지 않기 위해 매일 새로운 도전을 한다.

"오늘도 설렘의 하루가 되도록 하여주시옵소서!"

매일 아침 일어나 드리는 간절한 나의 기도문이다.

꿈 넘어 꿈

인간은 누구나 목표를 세우고 살아간다. 때로는 그 목표가 꿈이라는 단어로 표현되기도 한다. 그런데 많은 사람이 수단과 목적과 꿈을 혼동하는 오류를 범한다. 예를 들어 젊었을 때는 좋은 대학이나 좋은 직장이 목표가 되기도 하고 꿈이 되기도 한다. 그러나 그것을 이루었을 때 또 다른 목표가 생기거나 지금껏 쫓아왔던 꿈이 진정한 꿈이 아니었음을 깨닫기도 한다. '아침 편지'로 유명한 고도원 씨의 강연 중에 '꿈 넘어 꿈'이라는 것이 있다. 예를 들어 명문대를 가겠다는 꿈이 있다고 치자. 그렇게 해서 명문대에 들어가는 것이 과연 끝이겠는가? 그 꿈을 이루면 정말 꿈을 이룬 것인가? 명문대에 들어가서 어떻게 살겠다는 꿈이 있어야 진정한 꿈이며, 그 꿈이 꿈 넘어 꿈인 것이다. 꿈 넘어 꿈은 인생을 잡아주는 가치관이자 삶의 의미를 말한다.

처음 수술 기구를 제조하기 시작했을 때 내 꿈은 먹고살 돈을 버는 것이었다. 그러나 얼마가 지나자 수술 기구 국산화를 꿈꾸게 되었고, 그 다음에는 세계 제일의 수술 기구 메이커라는 꿈을 꾸게 되었다. 세계 최고의 수술 기구를 만들어 사업적으로 성공하는 것이 목표였지만, '사람들의 건강한 삶의 질'이라는 꿈 넘어 꿈이 있었기에 오늘까지 이어올 수 있었다고 생각한다. 세상 사람들의 삶의 질을 높인다는 꿈을 세우자 그 '사람들'에는 외부 고객도 있지만 내부 고객, 즉 사원들도 포함된다는 것을 깨달았다. 그래서 사원들의 삶의 질을 높여야 한다는 생각이 들었다.

회사 설립 초기에는 우리나라가 무척 가난했다. 그때는 먹고사는 일 자체가 목표였던 시절이었다. 우리 회사에서는 사업 초기부터 점심과 저녁 식사를 제공했다. 그 당시만 해도 점심과 저녁을 회사에서 제공하는 것은 보기 드문 일이었다. 지금이야 구내식당이 흔하지만, 당시만 해도 대기업도 그렇게 하지 못했고 기껏해야 도시락을 싸서 가지고 오는 정도였다. 그런데 우리 회사는 사업 초기부터 식사를 제공하여 가족처럼 함께 먹고 일했다.

먹고사는 문제가 어느 정도 해결되고 보니 그다음 직원들의 간절한 바람은 바로 자녀 교육이었다. 우리 회사는 1990년부터 장학제도를 도입하여 자녀 두 명까지는 중학교에서부터 대학교까지 전액 장학금을 지급했다. 이것 역시 대기업에서도 하기 힘든 파격적인 복리 후생이었다. 회사를 설립한 지 40년 가까이 되다 보니 근속연한이 10년, 20년을 훌쩍 넘은 직원이 제법 많다. 그 직원들이 회사에 들어와 가정을 꾸리고 자녀를 낳아 대학까지 교육시키는 동안 회사와 함께한 것을 생각할 때 보람되기도 하고, 한편으로 고맙기도 하다.

2000년부터는 회사를 자아실현의 장이 되게 하자는 꿈을 세웠다. 먹고사는 문제를 넘어 자녀 교육의 문제를 해결하니 이제는 스스로를 돌아보며 자아실현을 꿈꾸게 된 것이다. 우리 회사는 놀이터 같은 일터로 자아실현의 장을 만들자는 꿈을 세우고 열심히 나아가고 있다. 우리 회사가 새로운 목표를 세울 수 있었던 것은 이와 같이 꿈 넘어 꿈, 즉 고객에게 건강한 삶의 질을 제공한다는 신념이 있었기 때문이다. 기업의 목표는 존재의 의미, 즉 '왜^{why}'가 담겨 있는 기업 문화여야 한다. 우리 솔고에서는 해마다 신년 행사로 연말에 직원들에게 자기 선언서를 작성하게 한다. '자기 계발, 가정, 직장, 사회' 등 각 부문의 자기 선언을 작성하게 하고 그것을 액자로 만들어서 사무실과 집으로 보내주고 있다. 이는 가족과 함께 인생 계획을 수립하고 회사를 통해서 그것들을 하나씩 실천해가는 작은 행복을 심어주고자 하는 의도이다. 꿈 넘어 꿈을 위해 오늘도 책상 위에 놓인 액자를 보며 하루하루를 힘차게 나아가길 소망한다.

일흔 번씩
일곱 번

　살다 보면 억울한 일, 섭섭한 일, 황당한 일 가슴에 상처가 남는 일을 겪게 된다. 그런 일을 겪고서 그냥 넘어가고 잊어버리는 사람이 있는가 하면 가슴에 꼭꼭 새기며 절치부심 칼날을 세우는 사람도 있다. 나는 전자에 속하는 편인데 그럴 때마다 옆에서 아내는 "당신은 배알도 없는 사람이냐? 벌써 다 잊었느냐? 그 사람에게 왜 그렇게 잘하느냐?"라는 식으로 핀잔을 준다.

　사실 한번 지나가 버린 일은 나에겐 생각할 거리도 안 되므로 다 망각하고 사는 편인데, 아내는 똑같은 경우를 겪고서도 마음의 상처가 잘 가시지 않는 모양이다. 어쩌면 나의 최대 약점이자 강점은 섭섭하고 억울하고 때로는 해로운 일을 당해도 꽁하게 가슴에 담아두지 않고 쉽게 잊어버리고 마는 것이 아닐까 싶다. 그럼에도 쉽게 잊히지 않고 나를 힘들게 했던 사건이 하나 있다.

지난 2000년 우리 회사에 꿈에도 생각지 못했던 일이 하나 벌어졌다. 어느 날 자고 났더니 노동조합이 설립된 것이다. 기업에 노조가 설립되는 것은 당연한 것이고 서로 얼마든지 원윈win-win 할 수 있다는 것이 평소 나의 지론이었는데, 당시 노조 설립은 나에게 깊은 상처를 남겼다.

웬만한 일은 그냥 넘어갈 나에게 당시 노조는 충격과 배신 그 자체였는데 그 이유는 이렇다. 첫째, 노동조합의 설립이 자발적이지 않고 음모적이었다는 것이다. 둘째, 20여 년 넘게 함께 일하면서 서로 눈빛만 봐도 마음이 통한다고 생각했던 직원들의 상당수가 노조에 가입했다는 것이다. 그런데 나에게 더 크게 상처를 준 것은 노조의 협상 태도였다. 노조가 설립되기 전에 우리 회사는 노사협의회를 운영하며 노사가 서로 오순도순 협상해왔다. 그런데 노조가 설립되면서 다들 머리에 빨간 띠를 두르고 눈썹을 치켜세우고 ○○노총에서 교육받은 대로 달려드는데, 정말 참을 수가 없었다.

노사 양측으로 갈라 앉아 있는 우리는 더 이상 눈빛만으로도 '이심전심以心傳心'하던 너와 나의 '우리'가 아니었다. 철저하게 노동자와 사용자로 갈려 서로의 입장만 주장했다. 서로의 입장을 주장한 것이 나쁘다는 것이 아니라, 노조가 된 이후에는 완전히 적이 되어 나를 마치 원수처럼 대하는 것에 참을 수가 없었다. 지금까지의 관계와 노력, 그리고 나이 차이를 보더라도 도저히 나에게 그럴 수는 없었다. 물론 노조라는 것이 원래 다 그렇다고 할지라도, 마치 단란하고 평온한 내 가정에 불청객이 나타나 우리 가족의 행복을 송두리째 빼앗기는 기분이었다.

2년 후 노동조합은 자연 해산되었지만 옛날처럼 직원들에게 내 마음을 온전히 주지 못한다는 것이 항상 나를 괴롭혔다. 머리로는 이미 다 용서하고 '그럴 수도 있었겠지' 하면서도 가슴 한구석 앙금이 다 씻기지 못한 것을 느낄 때마다 '내가 참 졸렬한 사람이구나' 하는 생각도 든다. 과거를 잘 잊어버리는 것을 최대 강점으로 살아온 나로선 참 아이러니한 일이 아닐 수 없었다. 그 후로 5년이 지나서야 내 마음의 상처도 완전히 아문 것은 아니지만 흉터가 거의 보이지 않을 정도로 엷어져 갔다. 그러나 그 일로 인해 경영이 왜곡되고 반평생을 함께해온 인간관계가 한순간에 허물어진 것을 돌이켜보면 끔찍한 악몽 같다.

노조가 해체된 후 우리 회사는 노사협의회 체제로 다시 돌아왔고, 노사 관계를 좀 더 건설적으로 정립하고자 노력해왔다. 비 온 뒤에 땅이 굳어진다는 속담처럼, 그 일을 계기로 회사를 위해 더 큰 꿈을 그리는 계기가 되었다. 그것은 우리 회사를 그야말로 '우리'로 똘똘 뭉치는 한 식구로 만들겠다는 것이다. 너와 내가 남남이 아니라 함께 가는 우리가 되어 같은 가치관을 가지고 같은 꿈을 꾸는 가족 같은 회사를 만들고 싶다. 머리로 용서하는 것은 쉽다.

그러나 진정한 용서, 가슴에서 우러나온 용서는 나 자신의 내면의 깊이와 비례하는 것 같다. 용서는 남을 위한 것이 아니고 바로 자신을 위한 것이다. 《성경》에 "일흔 번씩 일곱 번이라도 용서하라"라는 말씀이 있다. 진정한 용서는 남이 아니고 자기 자신에게 베푸는 가장 큰 자비이자 사랑이다.

붕어빵 조직과 똘아이 조직

한때 "붕어빵에는 붕어가 없다"라는 말이 유행한 적이 있었다. 붕어빵에는 당연히 팥 앙금이 들어가는데 뜬금없이 붕어 타령을 하니 황당하기도 하고 사차원적인 허무 개그가 되어버리는 것이다. 그런데 정말로 붕어빵의 팥 앙금을 콩이나 치즈 등으로 바꿔버리면 안 되는 것일까?

얼마 전 국내 IT 업계의 전문가가 쓴 칼럼을 읽은 적이 있는데, 그 전문가는 IT 조직이 천편일률적으로 '붕어빵 IT 프로세스'를 복사하는 것에 대해 경고하고 있었다. 현재 가장 창조적인 집단이라고 할 수 있는 IT 업계에서 조차도 '붕어빵' 현상에 대해서 개탄하고 있으니 놀라지 않을 수 없다.

하긴 붕어빵 현상이 비단 기업에서만의 문제는 아닐 것이다. 우리의 정치, 경제, 군대, 교육 시스템은 모두 '붕어빵 조직' 만들기에 안달하고 있다. 일체화를 위해서 유니폼을 입히고, 매뉴얼대로 행동하고, 일사불란한 조직 만들기에 모든 초점이 맞추어져 왔고 지금도 진행 중이다. '붕어빵 조직'의 표본은 군 조직이라고 할 수 있다. 경영학 용어에 군사 용어가 많은 이유이기도 하다.

붕어빵 기계에서 똑같은 모양의 붕어빵이 쉴 새 없이 찍어 나오듯이, 우리는 이렇게 획일화된 모습으로 숨 가쁘게 달려왔다. 붕어빵 조직은 분명 비즈니스 1.0 시대와 비즈니스 2.0 시대, 즉 산업사회에서 생산성 향상의 밑거름이 되었다. 그러나 이러한 붕어빵 현상은 남과 다른 것을 용납하지 않는 사회, 남과 다른 것을 배타하는 병폐를 가져왔다.

남과 다른 것을 인정하지 않는 철저한 붕어빵 조직 속에서 훈련받은 우리의 무의식 속에는 어느새 다름을 인정하지 않고 모든 것이 같아야만 옳다는 생각이 자리하게 된 것이다. 그래서 우리는 '다름'을 '틀림'으로 혼동하여 사용하는 오류를 자주 범한다. 다른 것은 틀린 것이고 틀린 것은 옳지 않은 것이라는 인식 회로가 '다름'을 인정하지 않고 배척하고 '같음'을 만들려고 하는 것 같다. 우리 간뇌間腦, diencephalon 속에 이미 통제장치 회로가 형성되어서 '다름'을 '틀림'이라고 당연시하는 것일 수도 있다.

하지만 이제 붕어빵 조직이 하는 일은 대부분 자동화나 로봇, 그리고 IT가 맡아서 하면 된다. '더 많이 차지하려는 경쟁 전략'에서 '게임의 틀' 자체를 바꾸는 '초경쟁' 시대가 오고 있고, 규모나 효율성 등 '생산성 향상 전략'에서 '독점적 창출'로 시장을 리드하지 않으면 안 된다. 이제 생산성이 높아졌다는 말은 고용이 축소되었다는 의미이기도 하다. 왜냐하면 효율적이고 높은 품질은 자동화, 로봇이 담당하지 않고는 거의 불가능해졌기 때문이다. 이것이 선진국과 후진국 간에 생산성이나 품질의 격차가 점점 줄어드는 이유이기도 하다.

이제 명령이나 매뉴얼에 의해 움직이는 조직이 아니라 각자가 알아서 하는 조직으로 바뀌어야 한다. 관리형 인재보다 창의적 인재가 성과를 내는 시대, 질적으로 혁명적으로 다른 '창조적 전환'을 요구하는 시대가 우리가 원하든 원하지 않든 급속히 다가와 있는 것이다. 의생학에서는 이러한 알아서 행동하는 조직을 'Self-organization' 또는 'Bio-teaming'이라고 한다. 《성경》에는 "개미는 두령도 없고 간역자도 없고 주권자도 없으되 먹을 것을 여름 동안에 예비하며 추수 때에 양식을 모으느니라"라는 구절이 있다.

회사 조직에서도 보면, 남들과 다른 사고와 행동을 하는 사람은 다소 모자라는 사람 혹은 부적응자로 대부분 취급받는다. 때로 그들이 남과 다른 자신의 생각을 주장할 때 조직의 강한 반발에 부딪치고 미친놈으로 몰리기가 다반사이다. 그들을 우리는 속된 말로 '똘아이'라고 부른다. 회사의 규정이나 시스템 프로세서 또는 매뉴얼은 제대로 따라오지도 못하면서 엉뚱한 발상을 내놓는다. 그들의 엉뚱한 '다름'은 붕어빵과 같은 조직에서는 그저 '틀림'만 남발하는 실패자로 오인되어 낙오되고 퇴출되는 경우가 많다.

하지만 이런 똘아이들의 '다름'은 '틀림'이 아니라 파격적인 '창의'이자 때로는 새로운 시대를 여는 위대한 '창조'가 될 수 있다. 그 '똘아이'들에게 판을 벌여주면 의외로 몰입도가 크고, 대단히 열정적이며, 실제로 성과를 내는 것을 종종 경험한다. 발명왕 에디슨이나 구글 같은 회사가 미래 사회를 열었듯이 말이다.

그러나 이렇게 남다른 사고로 창의력이 풍부한 '똘아이'들을 조직의 핵심 인재로 인정하기란 쉽지 않은 일이다. 그것은 어쩔 수 없이 우리 문화와 의식이 붕어빵 조직 문화에 길들여져 있어서 변화에 대한 두려움이 크기 때문일 것이다.

하지만 분명한 것은, 혁신을 넘어 창조적 혁명의 시대를 살아가야 하는 우리에게 가장 필요한 것이 바로 '똘아이'적 발상이기도 하다. 이제 우리는 '똘아이'들의 남다른 생각과 행동을 틀린 것으로 배타하지 말고, 색다른 창의력으로 인정하면서 그것이 붕어빵 조직 속에서 잘 융화될 수 있도록 배려해야 한다.

'똘아이'가 붕어빵 조직 속에서 생존하는 환경을 만드는 것이 바로 우리 솔고가 추구하는 조직 문화이기도 하다. 우리 회사는 이러한 조직을 구축하고자 웃음 경영을 도입하고, 결재 라인을 파격적으로 줄이고, 새로운 인사 평가 제도를 도입하고 있지만, 역시나 붕어빵들의 반발이 적지 않다. 이것은 바로 아직까지 우리 조직 안에서 '붕어빵'과 '똘아이'가 공존할 수 있을 만큼 신뢰가 견고하지 못하다는 것이기도 하고, 앞으로 해결되어야 할 과제이기도 하다.

붕어빵에 왜 붕어가 없냐고 따지는 똘아이들에게 팥으로 메주를 쑬 기회를 주자. 그들의 엉뚱한 발상에 틀렸다고 결론 내리지 말고 멋진 발상이라고 감탄할 수 있는 조직, 즉 '똘아이 조직'을 만들어보는 것은 가까이 하기엔 너무 먼 당신이요, 나를 쥐 나게 하지만, 그것은 곧 나의 절박하고 절실한 소망이기도 하다.

2

우리는 세상을
웃게 한다

웃음 운동을 도입하고 뒤이어 사훈까지 "웃으며 밥값 하자"라고 바꿨으니

말 그대로 솔고 가족들이라면 언제나 웃어야 하지 않는가?

그러면 어떻게 웃는다는 말인가?

답은 의외로 간단했다. 습관을 바꾸자!

나는 솔고의 습관을 바꾸고자 마음 먹었다.

그렇게 해서 도입한 것이 바로 웃음 운동이다.

웃음 운동이란, 우리가 몸을 단련하기 위해 운동을 하듯

이 웃음도 운동처럼 평소에 습관을 들이자는 것이다.

변해야
산다

"변해야 산다." 20여 년 전, 본사 입구에 크게 걸려 있던 구호였다. 1990년대 초, 건국 이래 처음으로 문민정부가 들어서 '신한국 건설'을 외치며 국가적으로나 사회적으로나 변화를 부르짖던 시절이었다. 대기업들도 '신경영'이니 '제2의 탄생'이니 하며 회사 로고도 바꾸고 조직도 바꾸는 등 변화를 모색할 때였다. 하지만 나는 그런 변화의 운동이 일기 전부터 일찌감치 "변해야 산다"를 슬로건으로 정하고 직원들에게 강조했다. 당시 회사 설립 20년을 향해 가고 있었고 사람으로 치면 미성년자에서 성인이 되는 시점이었으니 스스로 변해야 한다는 절박함이 있었던 것 같다. 1974년에 회사를 설립했으니 군사정권 시절과 10·26 대통령 암살 사건, 1980년 광주의 봄으로 상징되는 민주화 운동, 제5공화국, 86 아시안게임과 88 서울올림픽을 거쳐 문민정부에 이르기까지 그야말로 대한민국 격동의 현대사와 고스란히 함께한 것이다. 국가적으로도 큰 변화와 발전이 있었고, 경제적으로도 눈부시게 성장하던 때였다.

의료기 분야도 마찬가지였다. 사업 초기에는 미군 부대에서 흘러나온 군수품이 전부였을 정도로 열악했으나 의료 분야의 성장과 함께 업체도 많아졌고 경쟁도 치열해졌다. 더 이상 '국산 의료 기기 선두 주자'라는 자리에만 머무를 수 없었고, 안주할 수 없었다. "변해야 산다"라는 구호는 단순히 의례적인 구호가 아니라 회사의 존폐가 달린 절박한 과제였다. 변하려면 생각을 바꾸고 체질화해야 한다고 수도 없이 나 자신과 직원들에게 말해왔다.

하지만 '혁신革新'이 가죽을 벗겨낸다는 뜻으로 매우 고통스러운 일이라는 것을 의미하듯이, 사람이 변한다는 것은 참으로 어려운 일이었다. 직원들도 변화의 필요성을 인식하고 있었다. 그러나 그 변화의 중심으로 본인보다는 회사의 제도나 환경이 변해야 한다고 생각했다. 즉, 환경이 변하고 남이 변해야 나도 변한다는 논리였다. 변하기 위해 다양한 학습 프로그램을 도입하기도 했고, 많은 시도도 해보았다. 그러나 변화는 학습만으로, 또는 일회성 이벤트만으로 이루어지는 것이 아니었다. "잔소리는 사람을 바꿀 수 없다"라는 말이 있듯이, 변화하자고 구호를 붙이고, 공부를 시키고, 강연을 해도 모두 잔소리에 불과한 것이었다. 변화하자는 구호는 넘쳐나지만 실제로 변화는 일어나지 않았다. 마치 허공에 외치는 소리와 같이 귓전을 맴돌다 사라질 뿐이었다. 변화는 그만큼 어려운 것이다.

웃음과
벽걸이 사훈

나에게는 유치원에 다니는 손주가 있다. 내가 어릴 때에는 유치원이라는 것 자체가 없었는데 지금은 유치원에 다니는 것이 보편화되어 있다. 세상 참 많이 달라졌다. 네다섯 살 된 어린아이들이 유치원이다 교육원이다 해서 가방을 메고 가는 것을 보면 귀엽기도 하고 기특하기도 하다. 그런 어린아이들이 가서 과연 무엇을 배울까? 유치원 교육은 기본 생활 습관을 가르치는 것에서 시작한다고 한다. 말 그대로 생활의 기본이 되는 '습관'을 가르친다는 이야기이다.

습관이 인격이라는 말이 있다. 인격은 추상적인 개념이 아니라 매우 구체적인 개념이다. 바로 그 사람의 습관이 곧 그 사람의 인격이라는 말이다. 우리는 어떤 사람의 인격이 고매하다거나 훌륭하다고 말한다. 반대로 그 사람의 인격이 형편없다고 이야기하기도 한다. 인격이 추상적이라면 어떻게 그렇게 단정할 수 있을까? 그것은 그 사람의 행동 습관을 보고 평가한 것이다. 그런 면에서 습관은 곧 인격이다. 나는 회사도 마찬가지라고 생각한다. 변화하려면 구호로 그칠 것이 아니라 우리의 습관을 바꿔야 한다고 생각했다.

그러한 생각을 하던 차에 우연히 웃음에 대해 강연하는 이요셉 소장을 알게 되었다. 웃음이란, 우스울 때만 웃는 것이 아니라 마치 운동과 같이 평소 습관처럼 훈련하면 사람을 긍정적으로 만든다는 내용을 알았다. 우리 솔고의 변화를 위해 이 웃음을 도입해야겠다고 생각했다. 그렇게 해서 우리 솔고는 웃음 운동을 회사의 공식 체조로 도입하여 일과 시작할 때와 마칠 때, 회의 시작할 때와 마칠 때, 식사 시작할 때와 마칠 때 등 언제나 웃는 연습을 했다. 이것이 솔고와 웃음의 첫 만남이었다.

전 세계 PC 시장을 주도하며 정보화 시대의 상징이었던 IBM은 온라인 네트워크 시대를 맞아 깊은 수렁에 빠져들었다. 그때 IBM의 새로운 CEO로 취임한 루이스 거스너는 위기에 빠진 IBM을 살리기 위해 다음과 같이 말했다.

"지금 IBM에 가장 쓸모없는 것이 있다면, 그것은 바로 비전입니다."

이것이 무슨 말일까? 회사에 비전이 필요 없다는 말일까? 나는 그런 의미가 아니라고 생각한다. 구호는 구호로 그칠 뿐, 실제적으로 변화를 만들어내지 못한다는 말이다. 거스너는 취임 후에 전 세계 계열사를 돌아다니면서 변화의 필요성에 대해 설파해야 했다. 회사가 정한 비전을 일방적으로 선포하고 이끄는 것이 아니라, 변화의 필요성을 다 같이 인식하고 공유하는 것이 중요하다는 것이다. 물론 직원들이 오너의 마인드를 가지고 있지 않은 이상 그 변화의 필요성을 감지하고 공감하기가 쉽지 않을지도 모른다. 변화가 필요하다고 느끼는 사람은 어쩌면 경영자뿐일지도 모른다.

미국 최고의 기업으로 자리매김하며 미국 대학생들이 취업하고 싶어 하는 기업 중 하나인 사우스웨스트 항공의 성공 요인 중에는 변화의 필요성에 공감하며 똘똘 뭉친 직원들의 헌신적 노력이 있었다. 사우스웨스트 항공의 성공 전략을 접목한 다른 항공사의 경우 참담한 실패를 했는데, 그 차이는 무엇이었을까? 그것은 바로 조직의 구성원, 즉 사람이었다. 결국 사람이 변해야 되는 것이지 시스템을 들여오고 제도를 바꾼다고 다 성공하는 것이 아니다.

사람을 변화시키려고 돈을 들여 직원들을 교육기관에 보내면, 교육받고 돌아온 직원들은 하나같이 교육 내용이 좋았다고 하고 감동받았다고 이야기한다. 하지만 그뿐이다. 교육을 다녀왔다고 해서 눈에 띄는 변화가 있는 것은 아니다. 변해야 산다는 절박함, 변화는 구호나 강연만으로 이루어지지 않는다는 사실, 조직의 변화는 결국 사람이라는 깨달음은 어떻게 해야 조직을 진짜 변화시킬 수 있을지, 그리고 정작 나 자신은 어떻게 변해야 하는지에 대한 오랜 고민을 하게 했다.

2007년까지 솔고의 사훈은 "성실, 협동, 책임, 봉사"였다. 얼마나 좋은 말인가? 하지만 그것은 벽걸이용이었다. 언젠가 회의 석상에서 임원들에게 사훈을 물어봤더니 놀랍게도 아무도 대답하지 못하는 것이었다. 충격이었다. "성실, 협동, 책임, 봉사"가 사훈으로 오랫동안 걸려 있었는데도 회사 임원들이 즉각 대답하지 못했다는 것은 그야말로 허공에 외치는 소리에 불과했다는 말이다. 루이스 거스너가 "지금 IBM에 가장 쓸모없는 것이 있다면, 그것은 바로 비전입니다"라고 말한 것이 새삼 와 닿는 대목이다.

그래서 우선 사훈부터 바꿔야겠다고 생각하여 사내에 공모했다. 상금으로 100만 원을 걸었고 200여 건이 넘게 올라왔다. 그런데 눈에 띄는 사훈이 바로 "웃으며 밥값 하자"였다. 임원들에게 이 사훈을 어떻게 생각하는지 물어보았다. 아무도 답을 하지 못했다. 오히려 밥값에 대한 이미지는 상당히 부정적이었던 것으로 기억한다. 회사에서 밥값 하자고 하는 것이 경영자 입장에서 본전 생각을 하는 것 아니냐는 의견이었다. 그래서 사내 여론조사를 해보았더니 서로 약속이라도 한 듯이 5 대 5가 나왔다. 찬반이 팽팽하니 쉽게 결정하기가 힘들었다. 한번은 은행 직원들과 만나 식사하며 물어보았더니 거기서도 역시 반반이었다. 공무원들에게 물어보니 부정적인 의견이 많았고, 내 또래 사람들은 희한하고 웃긴다는 반응이었다. 그런데 마지막으로 사외 이사 두 분에게 물어봤더니 모두 최고의 사훈이라고 답했다. 나는 자신감을 얻어 "웃으며 밥값 하자"라고 사훈을 정했다. 작지만 의미 있는 변화의 시작이었다.

웃으며
밥값 하자

웃음 운동을 도입하고 뒤이어 사훈까지 "웃으며 밥값 하자"라고 바꿨으니 말 그대로 솔고 가족들이라면 언제나 웃어야 하지 않는가? 그러면 어떻게 웃는다는 말인가? 답은 의외로 간단했다. 습관을 바꾸자! 나는 솔고의 습관을 바꾸고자 마음먹었다. 그렇게 해서 도입한 것이 바로 생활 속 웃음 운동이다. 웃음 운동이란, 우리가 몸을 단련하기 위해 운동을 하듯이 웃음도 운동처럼 평소에 습관을 들이자는 것이다.

웃음에 관한 재미있는 통계가 있다. 사람이 평균 80년을 산다고 하면, 일하는 데 23년, 잠자는 데 20년, 식사하는 데 7년, 길에서 보내는 시간이 5년, 옷 입고 꾸미는 데 5년, 기다리는 데 3년, 화장실에서 1년, 전화하는 데 1년을 쓴다고 한다. 그리고 재미있는 것은, 평생 걱정하는

데에는 10년을 쓰지만 정작 웃는 시간은 20여 일밖에 되지 않는다는 것이다. 게다가 그마저도 어릴 때 웃는 시간이 평생 웃는 시간의 거의 전부라는 통계이다. 흥미로우면서도 시사하는 바가 크다. 고민하는 데 10년을 쓰는 동안 웃는 데 20일을 쓴다면, 무려 182배의 차이로 웃을 일보다 고민과 걱정이 많다는 것이다. 사람을 긍정적으로 변화시키고 열정과 자신감이 넘치게 만들려면 이 웃음에 대한 습관을 바꿔야 한다고 생각한다.

그런데 우리는 웃음에 대해서 그다지 관대하지 않은 편이다. 개그 프로그램이나 코미디 영화를 즐기면 경박한 사람으로 치부되기도 하고, 웃음이 많은 사람은 괜히 실없어 보이는 것이 사실이다. 언제나 근엄하고 위엄 있는 표정, 미소를 드러내지 않고 차갑고 날카로운 눈빛을 가진 사람이 성공한 사람으로 인식되지 않는가? 오랜 유교적 전통, 식민 지배, 전쟁, 그리고 가난한 개발도상국을 지나며 질곡의 세월을 보내는 동안 우리는 웃음을 잃어버렸다. 하지만 타고난 우리 민족의 성정은 그렇지 않다. 우리는 춤과 노래를 즐겼던 민족이고, 2002 월드컵이나 올림픽에서 볼 수 있듯이 뜨거운 열정을 가진 민족이다. 우리에게 내재된 열정과 에너지를 끌어올리려면 웃음을 습관화해야 한다고 생각한다.

그래서 나부터 웃음치료사 자격증을 획득했다. 또한 임원들과 전 직원이 웃음치료사 자격을 얻도록 했다. 웃음치료사 자격증을 따려면 2박 3일의 합숙 훈련을 받아야 했고, 비용도 1인당 100만 원 가까이 들었다. 우리 직원이 300명이 넘었으니 이 비용에만 3억 원 가까이가 든 셈이지만, 솔고의 체질을 바꾸는 데 이 정도 비용은 아깝지 않았다. 전 직원이 웃음치료사 자격증을 획득하고, 매일 아침 일과 시작 전에 10분간 실시했던 보건 체조를 웃음 체조로 바꿨다. 또 식사를 시작할 때와 마칠 때, 회의를 시작할 때와 마칠 때는 언제나 한바탕 크게 웃는다. 이렇게 본격적으로 웃음을 도입하고 웃음 운동을 시작하자 조금씩 변화의 분위기가 생겨났다. 우선 눈에 띄게 달라진 것 중에 하나는 아무리 회의 분위기가 안 좋게 끝나더라도 무조건 한바탕 웃으며 마치기 때문에 무겁고 침울한 분위기가 금방 사라진다는 것이다. 또 직원이 내 방에 들어와 혼났다 하더라도 나갈 때는 반드시 우리 둘이서 "그래도 웃자!" 하며 한바탕 웃으며 끝내니 혼을 낸 나도, 꾸중을 들은 직원도 뒤끝 없이 다시 업무를 시작할 수 있었다. 또 개인적으로는 웃음 운동을 시작한 이후에 인상이 많이 달라지고 건강해 보인다는 말을 많이 듣게 되었다. 웃음은 우리 몸과 마음을 건강하고 긍정적으로 만드는 훌륭한 도구인 셈이다.

"웃으며 밥값 하자"라고 사훈을 바꾼 후에 본격적인 웃음 운동을 도입한 우리 회사는 미션도 "우리는 세상을 웃게 한다"라고 바꿨다. 물론 웃음 운동을 도입하고 웃음 교육을 받았다고 해서 바로 다음 날부터 무슨 대단한 변화가 있는 것은 아니다. 교육은 콩나물시루에 물 붓기와 같다고 한다. 한두 번의 교육이나 습관 훈련으로 갑자기 달라지는 것은 아니다. 콩나물시루에 물을 부으면 그 물이 다 빠져나가고 마는 것 같아도 어느덧 콩나물이 훌쩍 자라듯이, 끊임없이 교육하고 습관을 들이면 어느덧 변화한 자신을 발견하게 될 것이다.

이제 솔고는 불혹의 나이라는 40년을 향해 나아가고 있다. 불혹이라 함은 어느 것에도 미혹하지 않는 것이라고 했다. 솔고도 마흔 살이 되면서 어떠한 것에도 미혹하지 않으며 웃음과 가치관으로 똘똘 뭉친 그런 여유가 넘치는 회사를 꿈꾼다. 오늘도 우리 회사는 "우리는 세상을 웃게 한다"를 외치며 하하하 웃어대는 직원들의 웃음소리로 가득하다.

자존심과
자존감

흔히 자존심이 세다는 말을 많이 한다. 자존심의 본래 뜻은 '자신을 사랑하고 존중할 줄 아는 마음가짐'이다. 그런데 이 자존심이 자신을 존중하기보다는 타인과 타협하지 않는 고집이라는 말로 종종 쓰이고 있다. 그래서 자존심이 세기보다는 자존감이 높아야 한다는 말을 많이 한다. 자존심과 자존감은 언뜻 보면 비슷한 말 같아도 사실 정반대의 말이다.

얼마 전 내 가슴을 뭉클하게 한 사건이 있었다. 친구들과 함께 오토바이를 훔쳐 달아난 혐의로 기소된 16세 소녀에게 내린 서울가정법원 김귀옥 판사의 판결이 그것이다. 무거운 처벌을 예상하고 어깨를 잔뜩 움츠리고 있던 소녀가 쭈뼛쭈뼛 일어나자 김 부장판사가 말했다.

"자, 날 따라서 힘차게 외쳐봐. 나는 세상에서 가장 멋지게 생겼다."

예상치 못한 재판장의 요구에 잠시 머뭇거리던 소녀는 나직하게 "나는 세상에서……"라며 입을 뗐다. 김 판사는 자신의 말을 크게 따라 하라고 했다.

"나는 무엇이든지 할 수 있다. 나는 이 세상에 두려울 게 없다. 이 세상은 나 혼자가 아니다."

큰 목소리로 따라 하던 소녀는 참았던 울음을 터뜨렸다. 법정에 있던 소녀의 어머니도 함께 울었고, 재판 진행을 돕던 참여관·실무관·법정 경위의 눈시울도 빨개졌다. 그 소녀는 이미 14건의 절도·폭행을 저질러 법정에 섰던 전력이 있었다. 법대로 한다면 '소년 보호시설 감호 위탁' 같은 무거운 처벌을 받아야 했다. 그러나 김 판사는 불처분결정을 내렸다. 그녀가 내린 처분이라고는 '법정에서 일어나 외치기'뿐이었다. 그녀가 이런 결정을 내린 것은 소녀의 사정을 감안했기 때문이다.

소녀는 반에서 상위권 성적을 유지하며 간호사를 꿈꾸던 발랄한 학생이었으나 작년 초 남학생 여럿에게 끌려가 집단 폭행을 당하면서 삶이 바뀌었다. 후유증으로 병원 치료를 받았고, 충격을 받은 어머니는 신체 일부가 마비되었다. 이에 죄책감에 시달리며 학교에서 겉돌았고, 비행 청소년과 어울리면서 범행을 저지르기 시작한 것이다.

김 판사는 법정에서 말했다. "이 아이는 가해자로 재판에 왔습니다. 그러나 이렇게 삶이 망가진 것을 알면 누가 가해자라고 쉽사리 말하겠어요? 아이의 잘못이 있다면 자존감을 잃어버린 겁니다. 그러니 스스로 자존감을 찾게 하는 처분을 내려야지요."

눈시울이 붉어진 김 판사는 눈물범벅이 된 소녀를 법대法臺 앞으로 불러 세웠다.

"이 세상에서 누가 제일 중요할까? 그건 바로 너야. 그 사실만 잊지 않으면 돼. 그러면 지금처럼 힘든 일도 이겨낼 수 있을 거야." 그러고는 두 손을 쭉 뻗어 소녀의 손을 꽉 잡았다. "마음 같아선 꼭 안아주고 싶은데, 우리 사이를 법대가 가로막고 있어 이 정도밖에 못 해주겠구나."

"일어나서 힘차게 외쳐라!" 정말 아름다운 판결이 아닐 수 없다. 이 재판은 비공개로 열렸지만 뒤늦게 알려지며 화제가 되었다. 앞으로 소녀의 미래가 어떻게 전개될지는 아무도 모른다. 하지만 소녀가 판사의 바람대로 자존감을 다시 찾아 일어선다면 과거에 겪은 힘든 일들은 소녀의 인생에서 소중한 밑거름이 될 것이다. 모든 것은 마음먹기에 달렸다. 생각이 바뀌면 습관이 바뀌고, 습관이 바뀌면 인생이 바뀐다.

나는 기업도 마찬가지라고 생각한다. 기업도 자존감이 있어야 하고, 생각이 바뀌어야 한다. 사람들이 모인 곳이기 때문이다. 즉, 기업은 생각하는 사람들의 집단인 셈이다. 웃음 운동을 도입하고 나서 솔고도 자존감이 높아졌다. 매일같이 모여 한바탕 웃으면서 일하니 할 수 있다는 자신감과 아울러 자존감도 높아진 것이다. 대기업이 진출하지 않은 분야가 없을 정도로 대기업 중심인 우리나라에서 중소기업의 직원으로 살아간다는 것은 어쩌면 힘든 일이다. 하지만 우리 직원들의 평균 근속 연한은 10년이 넘고, 회사를 향한 애사심과 자존감은 그 어느 대기업 보다도 높기를 소망한다.

취업을 앞둔 젊은이들에게 조언하고 싶은 것이 있다. 많은 젊은이가 첫 직장으로 대기업을 선호한다. 대기업에 취직하려고 학점 세탁도 하고 스펙 쌓기에 열중한다. 하지만 스펙 쌓기보다 더 중요한 것이 작은 회사에라도 들어가 영업 경험을 쌓는 것이라고 생각한다. 내가 회사를 창업해서 여기까지 올 수 있었던 것은, 다름 아닌 보따리장수를 하며 영업을 배웠기 때문이다. 영업을 배우며 인간관계를 알게 되었고, 사람을 대하며 인맥을 관리하는 법도 배우게 되었다. 자존심은 내려놓고 자존감이 높은 사람이라면, 그의 손에 들고 있는 어떠한 보따리라도 값지게 느껴질 것이다.

우리는
세상을
웃게 한다

국산 의료 기기가 전무했던 시절, 그저 먹고살기 위해 의료기 시장에 뛰어들었다가 내 손으로 수술 기구를 만들어보자며 설립한 솔고가 지금은 전 세계 20개국 이상에 수출을 하고, 정형외과 임플란트 개발에 성공하여 국내 시장점유율 1위가 되었다. 국산 수술 기구 생산업체 1호로서 60여 개가 넘는 국내외 특허와 200여 개가 넘는 지적 재산권을 획득했다. 1999년에는 다국적기업들이 100퍼센트 장악하고 있던 고부가가치의 정형외과용 임플란트 분야에서도 처음으로 국산 제품을 개발해 주목을 받았다. 2000년 8월에는 코스닥에도 등록했고, 대통령 표창과 포장, 산업훈장 등 많은 상을 받기도 했다. 2007년에는 세계적 컨설팅 그룹인 프로스트앤설리번Frost&Sullivan으로부터 임플란트 제품의 혁신성을 인정받아 아시아·태평양 지역 최우수 헬스케어 기업으로 선정되기도 했다. 또한 대한의사협회가 100주년을 맞이하여 의료인을 대상으로 실시한 설문에서 정형외과 의사들이 가장 신뢰하는 의료 기기 기업 1위로 선정되기도 했다. 외제 상표를 흉내 내어 이름을 지었고, 그것이 화근이 되어 회사를 부도냈던 아픔을 생각할 때 감개무량한 일이다.

그리고 이제 솔고는 병원용 수술 기구와 의료 기기 기술을 기반으로 일반 가정에서 사용하는 건강 가전제품과 온열 매트 등을 개발하며 사업을 확장하고 있다. 최근에는 탄소 발열체를 이용한 온열 매트의 우수성을 인정받아 한국무역협회로부터 전통 온돌 문화를 수출하는 전략 상품으로 선정되기도 했다.

의료 기기 회사가 매트 시장에 뛰어든 것에 의아해하는 사람도 있다. 1980년대 후반 우리나라에 자석요가 대유행했다. 자석요가 없는 집이 없을 정도로 큰 인기를 끌었다. 자석요는 의료 기기로 분류되었기 때문에 의료 기기 회사인 우리 회사에 의료 기기 품목 허가를 의뢰하는 업자가 많았다. 그래서 자석요에 대해서 관심을 가지고 연구해보았더니 몇 가지 문제점을 발견했다. 첫째, 그 효과에 대해서 내 자신을 감동시킬 수 없었다. 둘째, 기술적인 진입 장벽이 거의 없어서 그저 자석과 재봉틀만 있으면 만들 수 있었다. 유일한 진입 장벽이라면 의료 기기 허가였던 셈이다. 그리고 마지막으로, 이미 시장이 성숙기에 와 있어서 진입하기에는 늦었다고 생각했다. 하지만 그것을 계기로 건강 잠자리 시장이 어마어마하다는 것을 깨닫게 되었다. 그래서 자연스럽게 수면과 건강에 대해 연구하며 자석요를 대체할 수 있는 제품이 무엇인지를 찾게 되었다.

당시 일본에는 온열 전위 치료기라는 것이 있어서 병원에서 온열과 전위를 이용한 치료법이 인기를 끌고 있었다. 나는 수면 과학을 연구하며 우리나라의 온돌이 매우 훌륭한 건강 잠자리 문화인 것을 깨달았는데, 온돌과 온열 전위 치료기의 접목을 시도했다. 많은 노력 끝에 솔고는 우리의 온돌을 의공학적으로 구현하게 되었고, 그것이 바로 세계적인 기술의 '탄소 발열 반도체'인 SR 시스템Self-Regulation heating System이다. SR 시스템을 내장한 온열 제품 브랜드 솔고온은 한국 전통의 온돌을 의공학적으로 구현한 제품으로서 2010년 한국표준협회가 선정한 신기술으뜸상 대상을 수상했다. 건강한 삶의 질을 높이겠다는 솔고의 가치관은 이제 한국의 온돌 문화를 세계화하며 "우리는 세상을 웃게 한다"라는 꿈을 가지게 되었다. 지금도 세계인의 잠자리에 한국의 온돌을 올리겠다는 우리의 꿈은 계속되고 있다.

제품과
예술품

솔고는 1995년부터 가정용 온열 전위 치료기, 온열 매트 등을 출시하며 본격적인 헬스케어 사업에 진출했다. 지금 시장을 보면 솔고가 개발한 기술이 이제는 업계의 표준이 된 것이 많다. 그중 하나가 전기 열선이 아닌 카본 발열체이다. 요즘에는 전기 온열 제품 대부분이 원적외선이 나온다고 하며 카본 발열 또는 탄소 발열체라는 말을 사용한다. 금속선에 전기를 흘려 열을 내는 금속 열선 방식이 아닌 탄소 고분자 물질을 이용하여 숯을 태울 때 나오는 원적외선과 같은 파장의 열이 나오게 하는 것이다. 금속 열선은 전자파가 나올 뿐만 아니라 과열되면 화재의 위험도 높은데, 솔고는 전자파가 나오지 않으면서 화재의 위험도 없는 탄소 발열체를 선보였다.

'전자파 제로'와 '원적외선 방출'은 이제 업계의 표준이 되었다. 이는 수십 년간 의료 기기를 개발하면서 쌓은 솔고의 기술력과 고객 감동 철학이 만들어낸 예술품이라고 생각한다. 여기에 굳이 예술품이라고 표현한 이유가 있다. 물컵도 어떤 것은 그냥 물컵이지만, 어떤 것은 예술품이 된다. 그렇다면 일반 물품과 예술품의 차이는 무엇일까? 그것은 그 물품에 고객이 감동하느냐 감동하지 않느냐 하는 차이라고 생각한다. 같은 제품이라도 고객이 감동하면 그것은 제품을 넘어 예술품이 된다.

얼마 전 텔레비전에서 '착한 떡 찾기' 프로그램을 본 적이 있다. 어렵사리 찾아낸 한 떡집은 우리나라 전통의 떡을 지키기 위해 각고의 노력을 기울이고 있었다. 인공색소를 쓰면 될 것을, 그냥 설탕을 쓰면 될 것을, 일반 찹쌀을 쓰면 될 것을 그렇게 하지 않았다. 일반적인 많은 떡집과 달리 그 떡집은 각종 제철 꽃이며 나물이며 과일 등 천연 재료만 사용하고, 쌀도 키가 커서 키우기 힘들다는 찹쌀만을 고집했다. 그때 그 떡을 심사하는 한 심사 위원은 이렇게 만든 떡을 자신이 평가한다는 것 자체가 그분에 대한 예의가 아니라고 말했다. 이미 그 떡은 떡을 넘어 예술품이었던 것이다. 한 끼 간식거리에 지나지 않을 떡도 예술품이 되는데, 하물며 우리가 매일 8시간 이상 깔고 자며 하루에 3분의 1 이상을 함께하는 잠자리를 소홀히 하고 싸구려 전기장판을 사용하는 것을 보면 이해가 안 된다. 온돌 잠자리, 건강 잠자리, 생명 에너지를 공급하는 소프트 온돌이 기술을 넘어 건강한 삶의 질을 높이고 세상을 감동시키고 세상을 웃게 하는 최상의 예술품의 반열에 오르게 되길 소망한다.

한단지보

근대 군사 이론의 창시자라고 할 수 있는 조미니는 《전쟁술》이라는 책에서 이렇게 말했다.

공격이 우선이냐, 수비가 우선이냐 하는 질문은 어리석다. 그 전에 전투의 목적이 분명해야 한다. 적이 강력하니 일단 수비로 가자는 생각은 어리석은 생각이다. 이기려는 의지와 방법이 부족하기 때문이다. 같은 이유로 공격이 최고라는 식의 사고도 어리석다. 대체로 공세가 유리한 이유는 다음 행동의 선택권과 주도권을 가질 확률이 높기 때문이다. 공격 전술을 사용할 때도 이런 의미를 알고, 목적을 분명히 한 후 움직여야 한다.

앞서 언급한 꿈 넘어 꿈과 같이 우리 인생도, 기업도 가치관과 진정한 목적을 세워야 한다는 말이다. 많은 학자가 경영을 전쟁에 비유한다. 전쟁과 경영의 공통점은 똑같은 상황이 두 번 일어나지 않는다는 것이고, 연습 전쟁이 없듯이 연습 경영도 없다는 것이다. 한 번 일으킨 전쟁을 연습 삼아 할 수 없듯이, 한 번 시작한 사업도 연습 삼아 할 수 없다.

《장자》〈추수〉 편에 보면 한단지보邯鄲之步라는 말이 나온다. 전국시대 조나라의 수도 한단에는 경쾌하고 우아한 걸음걸이가 유명했는데, 연나라의 수도 수릉에 살던 한 젊은이가 한단 사람의 걸음걸이를 동경하여 가서 배우다가 그만 한단의 걸음걸이도 제대로 못 배우고 자신의 걸음걸이도 잊어버려 엉금엉금 기어서 돌아갔다는 이야기가 전해진다. 당시 조나라는 큰 나라였고 한단은 대도시였으니 작은 나라, 작은 도시였던 연나라 수릉의 젊은이가 대도시의 유행을 무턱대고 따라 하려다 이것저것 다 잃게 되었다는 이야기이다.

이것이 비단 그 옛날 전국시대에만 있던 일이겠는가? 오늘날에도 무턱대고 조나라의 걸음걸이를 흉내 내려다 원래의 걸음걸이마저 잊어버려 엉금엉금 기는 사람이 많이 있다. 이는 분명한 목적과 가치관이 없기 때문에 벌어진 일이라고 생각한다. 진정한 가치관이 확립되었다면 그것을 위해 키워야 할 나만의 핵심 역량이 무엇일지를 고민하며 치열하게 달려 나가야 한다. 우리 솔고는 "우리는 세상을 웃게 한다"라는 가치관을 가지고 많은 이에게 건강한 삶의 질을 높이겠다는 목적을 세웠다. 가치관과 신념이 세워졌으니 이제는 핵심 역량에 집중할 때이다.

B 그룹을
위하여

회사는 크게 개인사업자와 법인사업자, 즉 주식회사로 구분된다. 개인사업자는 말 그대로 개인이 주도적으로 무엇이든 할 수 있다. 회사의 주인이 한 개인이다 보니 사업의 결정도 혼자 내릴 수 있고, 회사 자금도 자유롭게 사용할 수 있다. 하지만 주식회사는 다르다. 주식회사는 주주들의 자금이 모여서 회사를 이루므로, 공식적인 주주총회가 있고 이사회가 존재한다. 대표이사라고 해서 마음대로 결정할 수 없고, 회사 자금도 마음대로 사용할 수 없다. 대표이사는 말 그대로 이사회를 대표하는 사람으로서 경영에 책임을 져야 하는 위치이다.

1994년에 주식회사로 전환하고 2000년에 코스닥에 상장을 하고 나니 주주들의 목소리가 자꾸 들려왔다. 대표이사로서 주주들의 입장을 신경 써야 했고, 회사의 주가에 민감해졌다. 매출을 올려야겠다고 생각하고 이익을 많이 내야겠다고 생각하다 보니 자꾸만 무리수를 두게 되었다. 2001년부터 2006년까지는 의료 기기 협동조합의 이사장 자리를 맡게 되었다. 이사장 자리를 맡고 보니 일이 무척 많았는데, 경영자가 회사 밖의 일을 너무 많이 하면 정작 본인 회사에는 문제가 발생한다는 것을 그때 깨달았다. 또 한편으로는 경영자가 주가에 신경을 쓰니 경영이 왜곡된다는 것을 느꼈다. 하루에도 몇 번씩 등락을 거듭하는 주가에 신경 쓰다 보니 단기적 성과에 치중하게 되고, 그러다 보니 장기적 안목과 비전을 수립하기가 힘들어졌다. 결국 다시 회사에 전념하기 위해 의료 기기 협동조합 이사장직과 산업협회 회장 자리도 그만두었다. 그 뒤로는 가급적 모임을 최소화하고 회사 일에 전념하자고 결심했다. 나로서는 한단지보를 경험한 셈이었다. 기업은 단기적인 성과도 중요하겠지만, 그보다 거시적·장기적 안목으로 진정한 가치를 남겨야 한다는 소중한 깨달음을 얻었다.

1960년부터 1980년까지 MBA 졸업생 1500명을 추적한 연구 결과가 있다. 졸업생들은 두 범주로 나뉘었다. A 그룹에 속하는 사람들은 먼저 돈을 벌고 나중에 정말로 하고 싶은 일을 하겠다고 대답했다. 반면에 B 그룹은 처음부터 좋아하는 일을 하면 돈은 자연스레 따라올 거라고 대답했다. 1500명 중에 A 그룹에 속한 사람이 1245명으로 83퍼센트였고, B 그룹은 255명으로 17퍼센트에 불과했다. 20년 후, A 그룹과 B 그룹 중에 101명이 백만장자가 되었다. 그런데 A 그룹에 속한 사람은 1명에 불과했고, 나머지 100명은 모두 B 그룹이었다. 마크 앨비언이 쓴《살 것인가, 생활할 것인가 Making a Life, Making a living》에 나오는 이야기이다. 기업이 당장의 이윤과 주가 부양보다 본질적인 가치와 비전을 좇는다면 매출과 이윤과 주가 등 성과는 자연히 따라올 것이라고 확신한다.

코스닥에 상장하고 나니 처음에는 많은 일이 발생하고 경황이 없었다. 그러다 보니 경영자로서 내가 너무 부족한 사람이 아닐까 하는 생각을 많이 했다. 그동안 회사를 경영하면서 수많은 고민을 해왔지만, 그때처럼 경영자로서 나 자신에 대해 깊이 고민했던 적이 없던 것 같다. 결국 내가 잘할 수 있는 일부터 집중하기로 마음먹었다. 매일의 주가에 매달리지 않고 묵묵히 일하기로 했다.

회사가 상장을 하고 나니 주가가 곧 돈이었고, 주가에 신경을 쓰지 않는다는 것은 참으로 힘들었다. 그래서 기업이 코스닥에 등록되면 많은 경영자가 먼저 개인적 이익을 챙긴다. 심한 경우 '먹튀'를 하며 회사를 팽개치고 돈을 챙기는 경영자도 볼 수 있다. 하지만 내 경우 회사 일에만 신경 쓰다 보니 코스닥에 기업을 공개할 때조차 이익을 챙기지 못했다. 몰라서도 하지 못했지만, 안다고 해서 할 수 있는 상황도 아니었다. 그런 분야에서 나는 계산적이지도 못했고, 영악하지도 못했다. 내가 조금만 영악하게 굴었으면 얼마나 좋았을까 하고 생각했던 적도 솔직히 여러 번 있었다. 하지만 지금에 와서 깨달은 것은, 그때 눈앞의 이익을 챙기지 않고 소신에 입각해서 경영에 매진했던 것이 얼마나 소중한 것인가 하는 점이다. 만약 당시에 눈앞의 이익을 챙기는 데에만 급급했다면, 아마 지금의 나와 솔고는 존재하지 못했을 것이다.

치병을
넘어
명의로

계속되는 경기 침체로 너 나 할 것 없이 힘들어하는 소리가 끊이지 않는다. 경기가 어려워지자 환율이 폭등하여 수입 원가가 상승해 타격을 입은 제조업체들의 한숨은 깊어만 간다. 우리 회사도 제조 회사로서 경기 침체의 여파에서 자유로울 수 없다. 하지만 위기는 기회라고 했던가. 어떤 회사들은 이런 위기 속에서 도리어 더 발전하기도 한다. 나는 솔고가 그런 회사가 되기를 바란다.

그런 회사는 앞서 이야기했듯이 탄탄한 핵심 역량을 갖춘 회사라고 할 수 있는데, 단기간의 성공보다는 오랜 시간 노력해야 이룰 수 있다. 솔고의 핵심 역량은 무엇일까 고민해보았다. 각종 의료 기기를 생산하며 구축한 기술력이라고 생각하는데, 그중에서도 탄소 발열 반도체는 오랜 시간 노력한 결정체라고 할 수 있다. 그 기술을 기반으로 국내 최초로 천연 라텍스 소재의 온열 전위 치료기(식약청 인증 온열 매트)인 '백금천수'와 보급형 온열 매트인 '온돌이야기'가 출시되었다. 온열 매트가 나오기까지 정말 많은 시행착오를 겪고 시간을 쏟아부었는데, 수많은 실패를 거듭해서 개발에 성공한 것이다.

솔고는 1993년 국내 최초로 식약청으로부터 혈액순환과 근육통 완화 개선의 효과를 인증받은 온열 전위 치료기를 개발한 이래로, 한국의 전통 온돌 문화를 더 건강하고 안전한 수면 시스템으로 발전시키기 위해 노력해왔다. 지난 20여 년간 일반 전기 매트의 문제점인 과열과 전자파의 위험이 없고 원적외선을 통해 혈액순환이 개선되는 건강 기능성 매트 개발에 매진했다. 그렇게 해서 탄생한 것이 전자파를 완벽히 차단하고 스스로 온도를 조절하여 과열을 방지하는 지능형 탄소 발열 반도체이다.

솔고는 이 기술을 탑재한 온돌이야기를 선보이며 온열 매트 시장에 본격 진출했는데, 이미 온열 매트 시장은 가격 경쟁이 치열한 시장이 되어버렸다. 하나를 사면 하나를 더 주는 등 온갖 할인 공세가 난무하는 속에서 우리는 우직하게 제품력만을 강조해왔다. 온돌이야기가 출시된 지 3개월이 지나고 온열 매트로 인한 화재가 이어지며 그 화재의 원인이 주로 저가 제품이 쓰고 있는 전기 열선에 있다는 것이 알려지면서 과열 방지 특허를 받은 온돌이야기의 주문이 늘기 시작했다.

온돌이야기는 전통 온돌의 과학을 현대 기술로 재현한 제품이다. 2008년 국제온돌학회에서 전통 온돌 난방의 건강성·안전성·절전성의 특징을 구현한 제품으로 평가받으며, 학회 최초로 '우수 온돌 상품'과 '우수 온돌 기업'으로 인증을 받았다. 의료용 수술 기구를 만들던 회사가 전혀 다른 분야인 온열 매트 시장에 뛰어들어 이룩한 소중한 성과였다. 우리가 숱한 노력을 기울이며 온돌을 과학화하자고 했던 데에는 건강한 삶의 질을 높이자는 가치관이 있었기 때문이다.

《갈관지》라는 책에는 중국 전국시대의 명의인 편작과 그의 형제에 대한 이야기가 나온다. 어느 날 위나라 왕이 편작에게 물었다.

"그대 형제 중에 누가 가장 뛰어난가?"

편작이 대답했다.

"큰형님이 가장 뛰어나고, 그다음은 작은형님이며, 제가 가장 아래입니다."

의외의 대답에 왕이 그 이유를 묻자 편작은 다음과 같이 대답했다.

"큰형님은 환자가 아픔을 느끼기 전에 얼굴빛을 보고 장차 병이 있을 것을 압니다. 그리고 병이 나기도 전에 병이 날 것을 알고 병의 원인을 제거해줍니다. 환자는 아파보기도 전에 치료를 받는 것입니다. 그러나 환자는 큰형님이 고통을 미리 제거해주었다는 사실을 모릅니다. 그래서 큰형님이 명의로 알려지지 않은 것입니다."

그리고 이어서 말했다.

"작은형님은 환자의 병세가 미미할 때 그의 병을 알고 치료해줍니다. 그러므로 환자는 작은형님이 자신의 큰 병을 미리 낫게 해주었다는 것을 모릅니다. 저는 환자의 병이 커지고 고통으로 신음할 때에야 비로소

병을 알아냅니다. 그의 병이 심하기 때문에 맥을 짚어보고, 진기한 약을 먹이고, 살을 도려내는 수술을 합니다. 사람들은 저의 이런 행위를 보고 나서야 자신의 병을 고쳐주었다는 것을 알게 됩니다. 이것이 바로 제가 명의로 소문난 이유입니다."

진정한 명의란 어떤 사람인지를 이보다 더 잘 설명하는 이야기는 없다고 생각한다. 질병이 생긴 후 치병(治病 : 병을 다스림)하기보다 병이 생기기 전에 건강을 관리하는 것이 무엇보다 중요함을 일깨우는 말이다. 그동안 솔고가 생산한 제품들은 병원에서 치병을 하기 위해 쓰는 수술용 기구들이었다. 일종의 편작을 위한 도구였던 셈이다. 하지만 솔고가 진정으로 건강을 위하는 명의라면, 병이 들기 전에 미리 예방하게 해야 한다는 생각이 들었다. 그렇게 해서 탄생한 것이 수면 과학이며 편안한 잠자리를 통한 건강의 증진, 즉 온돌 문화의 과학화였다. 지난날의 솔고가 편작이었다면, 앞으로는 편작의 큰형이 되었으면 한다. 평소 건강 관리를 통해 자연 수명과 건강 수명을 일치시켜주는 진정한 현대판 명의가 되도록 오늘도 묵묵히 최선을 다하고 있다.

의공학
연구소

　대한민국은 1970년대에서 1980년대를 거치는 동안 격동의 현대사를 보내며 눈부신 경제성장을 이루었다. 그 성장의 기폭제가 되었던 것은 88 서울올림픽이었다. 그때까지만 해도 거의 무명에 가까웠던 나라가 올림픽을 계기로 세계에 알려졌고, 그때부터 우리나라는 가속의 고삐를 더욱 당겼다. 그런데 올림픽을 계기로 인건비가 급상승했다. 많은 제조업체가 높아진 인건비로 말미암아 수지 타산이 맞지 않아 문을 닫았다. 점점 더 싼 인건비를 찾아 중국이나 베트남으로 진출하게 된 것도 그런 이유에서였다.

　우리 회사도 높아진 인건비로 인해 외과 수술 기구만으로는 더 이상 회사를 유지할 수 없었다. 그래서 고부가가치인 정형외과 임플란트로 눈을 돌렸는데, 쉽지 않은 분야였다. 임플란트 하면 대부분 치과 임플란트를 생각하는데, 원래 임플란트는 사람 몸속에 들어가는 생체 매식재를 말한다. 치과 임플란트는 1995년 이후에야 개발된 것으로, 임플란트의 막내뻘이라 할 수 있다. 당시 정형외과 임플란트는 100퍼센트 외제품에 의존했고 국산 임플란트는 전무한 시장이었는데, 그만큼 사람 몸속에 들어가는 생체 매식재를 만드는 것은 어려운 기술이었다.

그렇게 정형외과 임플란트를 개발하면서 솔고는 의공학 연구소를 설립했고, 본격적으로 인간의 뼈·근육·장기·혈관·신경 등 신체 조직과 질병의 상관관계를 연구하게 되었다. 임플란트를 개발하려면 시신을 해부하여 연구하는 이른바 카데바(해부용 시신을 일컬음) 연구를 해야 했는데, 솔고는 지금까지 국내에서 단일 기업으로는 가장 많은 카데바 연구를 진행했다.

이를 통해 솔고는 정밀 의료 기기와 생체 매식용 제품 가공 기술을 축적하게 되었고, 수많은 국내외 특허와 지적 재산권을 획득했다. 최근에는 2009년부터 지식경제부의 기술혁신사업의 일환으로 침·뜸 통합형 자극 시스템을 개발하는 등 양방과 한방을 넘나들며 연구에 매진하고 있다.

건강보험과
솔고

정형외과 임플란트를 개발하기 전까지 솔고에서 생산한 제품은 대부분 외과용 수술 기구로서, 일반인이 사용하는 B2C 제품이 아니라 병원에서 사용하는 B2B 제품이었다. 이 제품들은 모두 의료보험이 적용되지 않는 것으로, 병원들이 자기 돈으로 구입하는 것이었다. 정형외과 임플란트를 출시하면서 우리 회사는 상당한 시행착오와 그로 인한 혹독한 대가를 지불해야 했다. 임플란트는 수술 기구가 아닌 치료재이므로 의료보험이 적용되었는데, 우리가 생산한 제품 중에 의료보험이 적용되는 최초의 제품이었던 셈이다. 다시 말해 개인이나 병원이 그 비용을 전액 지불하는 것이 아니라 국가에서 보험으로 지불하는 것이었다. 따라서 보험 청구를 위한 가격을 등록해야 했는데, 예를 들어 1,000원으로 제품을 등록했으면 1,000원보다 더 받아도 안 되고 덜 받아도 안 되었고, 한번 등록한 가격을 마음대로 조정할 수도 없었다.

우리는 이 시장의 특성을 제대로 파악하지 못하여 많은 대가를 지불해야 했는데, 이 제품이 수요와 공급에 따른 가격 책정이라는 시장 원칙을 따르지 않는다는 사실을 몰랐던 것이다. 처음에 임플란트를 개발하고 판매 전략으로 기존 제품보다 저렴하게 가격을 책정했다. 무려 30퍼센트 가까이 낮은 가격으로 보험가를 책정했는데, 오히려 전혀 판매가안 되는 것이었다. 그 이유를 알아보니 어차피 비용을 병원이나 개인이지불하지 않고 국가에서 지불하므로 굳이 싼 제품을 선택할 이유가 없다는 것이었다. 병원 입장에서는 오히려 비싼 제품을 사야 공급 업체가제공하는 갖가지 혜택을 누릴 수 있으니 저렴한 우리 제품을 사용할이유가 없는 것이다.

소비자 입장에서도 자기 몸속에 들어가는 재료이므로 가격이 비싼외제품을 선호했다. 더구나 실제로 이 선택권이 소비자인 환자에게 있는 것이 아니라 거의 시술 의사가 선택하는 것이니 좋은 제품을 합리적인 가격으로 제공하겠다는 우리의 생각은 한마디로 말해 순진한 생각이었다. 그렇다고 해서 다시 가격을 올릴 수도 없었다. 법적으로 불가능했기 때문이다. 야심차게 임플란트 시장에 뛰어들어 엄청난 비용의 개발비를 들였지만 제품은 팔리지 않고 어려움을 겪게 된 것이다. 임플란트 제품은 고부가가치 제품이었지만 그만큼 초기 개발비가 상당히 많이 들었다. 결국 처음에 만든 제품은 모두 폐기하고 다시 만들어야 했다. 하지만 이대로 물러설 수는 없었다. 이번에는 스테인리스보다 더 좋은 의료용 티타늄으로 개발했는데, 그때가 2000년이었다.

임플란트는 세트로 만들어야 하는데, 인체에 들어가는 임플란트는 다양한 사이즈를 모두 구비해야 하고 그 임플란트를 시술하는 수술 도구Instrument가 하나의 세트로 구비되어서 병원에 공급되어야 했다. 이를 업계에서는 랜딩landing이라고 한다. 랜딩이란 그 제품의 소유권은 공급 업자에게 있고 그중에서 수술에 필요한 제품만 병원에서 사용하고 그 사용분에 대해서만 결제하는 시스템이다. 당시 우리나라의 임플란트는 전부 외제품으로서 외국 업체들은 임플란트를 팔면서 수술 도구에 대한 비용도 공급 업체에서 함께 받았다. 따라서 임플란트를 공급하는 공급 업자들은 임플란트를 팔기 위해 고가의 임플란트 수술 도구를 함께 구입하여 병원에 랜딩해야 했다.

우리는 티타늄으로 새롭게 개발한 임플란트를 출시하면서 그동안 외국 업체들이 하지 않았던 파격적인 마케팅을 실시했다. 바로 임플란트 수술 도구를 업체에 무상으로 대여해주는 것이었다. 임플란트 공급 업체들은 대환영했다. 고가의 수술 도구를 무상으로 제공하니 부담 없이 우리가 개발한 임플란트를 병원에 공급할 수 있었다. 그렇게 함으로써 우리는 출시 2년 만에 시장점유율 50퍼센트를 차지하게 되었다. 우리 솔고가 정형외과 임플란트 시장점유율 1위를 차지한 배경에는 그와 같은 파격적인 마케팅 전략이 숨어 있었다.

우리가 수술 도구의 값을 받지 않는 마케팅을 실시하자 이제는 그것이 표준이 되어 외국 업체들도 수술 기구에 대한 비용을 받지 않게 되었다. 일종의 외국 업체들의 카르텔을 우리가 무너뜨린 것이다. 심평원에서는 국산 임플란트가 개발됨으로써 당시 한 레벨 가격이 450만 원이었던 척추용 페디클 스크류^{pedicle screw}를 100만 원 정도로 인하할 수 있었다. 그동안 100퍼센트 외제품에 의존하던 임플란트 시장에 국산품이 선보이자 국민건강보험 심사평가원에서 임플란트의 가격 인하를 요구하게 되었고, 다국적 기업들도 가격을 인하할 수밖에 없었던 것이다.

의료용 임플란트의 국산화 성공은 단순히 솔고의 매출 증대를 떠나 국가 전체의 의료비 부담을 경감하고, 나아가 의료 산업의 경쟁력을 높이는 데 일조한 것이다. 임플란트 시장을 국내 업체가 차지한 나라는 대한민국밖에 없다. 모두 다국적기업이 시장점유율 1위를 차지하고 있다. 일본만 해도 일본산 임플란트 시장점유율이 1~2퍼센트밖에 안 된다. 그런 면에서 솔고의 임플란트 국산화 성공은 작지만 큰 의미가 있다고 하겠다.

사십의
이름값

세상에는 참 신기한 브랜드가 많다. 브랜드도 일종의 이름이니 탄생의 순간이 있고, 재미있는 스토리도 많이 있다. 일본의 한 생활용품 브랜드는 제품에 라벨이나 태그를 붙이지 않는다. 심지어 로고도 없다. 자신의 이름을 드러내지 않는 마케팅을 하는 것이다. 이 브랜드의 이름이 바로 무인양품MUJI이다. 무인양품은 이 전략으로 꽤나 큰 성공을 한 것으로 알려졌다. 물론 제품의 품질도 좋았겠지만, 모두가 자기 브랜드를 어떻게 하면 더 잘 알릴지 고민할 때 아예 브랜드 로고와 라벨조차도 없애겠다는 발상을 하기란 쉽지 않았을 것 같다. 아마 브랜드를 론칭할 때 내부의 의견이 분분했을 것이다. 하지만 남과 다른 역발상의 마케팅이 성공을 가져다준 셈이니 결과적으로 매우 기발한 생각이었다.

하나의 브랜드가 성공하려면 많은 요소가 필요하다. 자본력과 규모도 중요하지만, 그보다 더 중요한 것은 기업이 가지고 있는 가치가 아닐까 생각한다. 경영자라면 이 부분만큼은 고집스럽게 지켜야 한다고 생각한다. 만드는 사람이나 사는 사람이나 모두 왜 이 제품이어야 하는가, 왜 이 브랜드여야 하는가 하는 이유를 공감하게 만들어야 한다. 참으로 어려운 과제이다. 무조건 자금력만 있다고 되는 것도 아니고, 마케팅 비용을 쏟아붓는다고 되는 것도 아니기 때문이다.

앞서 이야기했듯이, 내 평생 잘했던 일 중 하나가 회사를 부도낸 이후에도 솔고라는 브랜드를 버리지 않고 다시 그 이름으로 일어서서 이름을 지켜낸 것이다. 그렇게 40년 가까이 고집스레 지켜왔던 솔고의 브랜드 가치는 과연 무엇일까? 왜 솔고가 아니면 안 되는지를 자신 있게 말할 수 있는 그 가치란 과연 무엇일까? 우리 솔고는 고객들의 건강한 삶을 위해 한눈팔지 않고 오로지 한길을 달려온 회사라고 기억될 수 있었으면 좋겠다.

《논어》 제17편 마지막 장에는 "연사십이견오언이면 기종야이年四十而見惡焉 其終也已"라는 말이 나온다. 나이 사십에 사람들의 미움을 받으면 그것은 끝장난 것이라는 뜻인데, 이제 사십이 된 솔고는 그 이름값을 해야 한다고 생각한다. 그것은 고객이 우리 제품을 쓰면서 행복해서 웃을 수 있어야 한다. 고객을 웃게 하고, 직원을 웃게 하고, 나아가 세상을 웃게 하는 그런 이름. 그것이 우리 솔고가 불혹의 나이를 바라보며 꿈꾸는 소망이다.

부자와
소나무

옛날에 한 마을에 큰 부자가 있었다. 어느 날 한 청년이 찾아와 그 부자에게 부자가 되는 비법을 가르쳐달라고 했다. 그러자 그 부자는 청년을 밑에 강이 흐르는 절벽 위 소나무로 데리고 가 나뭇가지에 매달리라고 했다. 청년은 무슨 영문인지 몰라 두 손으로 나뭇가지에 매달려 부자를 쳐다보았다. 그러자 부자가 말했다.

"한 손을 놓게."

청년은 그 말을 따라 한 손을 놓았다. 그러자 부자가 다시 말했다.

"나머지 한 손도 마저 놓게."

그러자 청년이 놀라서 외쳤다.

"아니, 그러면 밑으로 떨어져 죽지 않습니까?"

그러자 부자는 이렇게 답했다고 한다.

"자네에게 들어온 돈을 그 나뭇가지처럼 생각하게. 그러면 부자가 될 걸세."

이 이야기는 자신의 수중에 들어온 돈을 움켜잡고 그것을 놓으면 강물에 빠져 죽는다는 생각으로 돈의 가치를 귀히 여기라는 가르침을 준다. 돈을 자신의 생명처럼 여긴다면 함부로 낭비할 수 없을 것이다. 하지만 요즘 젊은 세대를 보면 그렇지 않은 것 같다. 눈부신 경제성장 덕분에 어릴 때부터 부족함이 없이 자라서 그런지는 몰라도 돈을 귀히 여기기보다 쓰며 누리기에 익숙한 것 같다. 하지만 쓰기에 익숙하기보다 버는 데 익숙하고 모으는 데 익숙해야 부자가 된다는 것은 동서고금을 막론하고 진리이다.

무엇보다 부자가 되려면 종잣돈이 필요한데, 이는 펌프의 마중물과 같은 것이다. 마중물이란 펌프의 물을 끌어올리기 위해 처음에 부어주는 물이다. 얼마간의 마중물이라도 있어야 계속해서 물을 퍼낼 수 있듯이, 부자가 되기 위한 필요조건은 바로 종잣돈이다. 부는 종잣돈에서 시작된다. 이것은 눈사람 만들기와도 같다. 처음에 어느 정도 눈 공을 만들기가 힘들지 일단 만들어지면 계속해서 커지는 스노볼Snow-ball 효과처럼, 처음 목돈을 모으기가 힘들지 그다음부터는 돈이 불어나게 된다.

얼마 전 우리 회사에 한 직원의 정년 퇴임식이 있었다. 그 직원은 1984년에 입사한 한○○ 씨로, 올해 정년을 맞아 퇴임했으니 거의 30년 가까이 솔고에서 일한 것이다. 그는 퇴임식에서 다음과 같이 퇴임 소감을 이야기했다.

제가 1984년에 처음 솔고에 들어왔을 때 봉급이 21만 원이었습니다. 그때 아는 보험설계사에게 재무 설계를 하니, 평생 동안 사는 데 지장 없기 위해서는 8,000만 원을 모아야 한다고 이야기했습니다. 저는 그때 8,000만 원이라는 돈이 어마어마하게 크게 느껴졌고, 도저히 내 평생 모을 수 없는 돈처럼 생각되었습니다. 그로부터 10년 후 8,000만 원이 모아졌습니다. 그래서 다시 재무 설계를 했는데, 이제는 8억 원이 필요하다는 것이었습니다. 눈앞이 캄캄했습니다. 그런데 또 10년이 지나서 8억 원이 모아졌습니다. 그래서 또 설계를 했더니, 이제는 15억 원이 필요하답니다. 그리고 10년을 다 채우지 못하고 퇴직하지만 15억 원에 조금 못 미치는 돈을 모았습니다. 그동안 솔고에서 일하면서 가정도 꾸리고, 두 아이도 솔고의 장학금으로 대학까지 나왔고, 돈도 모았습니다. 여러분 모두에게 감사합니다.

직원들의 우레 같은 박수가 나왔다. 나는 한○○ 씨와 진하게 포옹하며 젊은 날부터 지금까지 회사를 위해 일해준 데 대해 감사를 표했다. 그동안 회사를 운영하며 어려움도 있었고 시련도 많았지만, 한○○ 씨의 퇴직 소감이 나를 울렸다. 남들은 솔고의 자산이 수많은 특허와 지적 재산권이라고 생각할지 모르지만, 나에게 진정한 자산이라면 회사에 들어와 가정을 꾸리고, 자녀를 교육시키고, 돈을 모으며 잘 사는 솔고 가족들이다.

내 인생
최고의 휴식

얼마 전, KBS에서 발행하는 월간지 《KBS저널》에서 인터뷰 의뢰가 들어왔다. 그달의 메인 테마가 '휴식'이었는데, 각계각층의 사람들에게 '내 인생 최고의 휴식'이 무엇이었냐는 짧은 인터뷰와 함께 칼럼이 나가는 것이었다. 그래서 본의 아니게 내 인생에서 최고의 휴식이 무엇이었나 생각할 기회가 되었다.

곰곰이 생각해도 내 인생 최고의 휴식이라 꼽을 만한 것이 떠오르지 않았다. 어린 시절과 청년기에는 지독한 가난에 그저 먹고살기 위해 닥치는 대로 일해야 했고, 회사를 설립하고서는 지금까지 편하게 휴식을 가져본 기억이 없었다. 조그마한 제조업체를 운영하면서 CEO가 마음 편하게 자리를 비우며 쉴 수 없었다. 제품 개발과 제조와 영업에 이르기까지 내 손을 직접 거치지 않은 일이 없으니, 나 아니면 회사가 안 돌아간다는 일종의 강박관념도 있었다. 그러다 문득 내 인생 최고의 휴식이 생각났다.

1994년 6월 18일, 그날은 서울대학교 공과대학원 AIP(최고 산업 전략 과정)의 졸업식이 있던 날이었다. 아내와 함께 졸업식에 참석차 차를 몰고 가던 중 교통사고를 당했다. 사고를 당한 순간을 마지막으로 아무 기억이 없었다. 나는 병원에 실려 갔고 무려 40시간 동안 의식이 없었는데, 깨어보니 중환자실이었다. 이야기를 들어보니 사고가 워낙 심해서 차가 종이처럼 구겨졌고 차 문을 뜯어내서 나를 꺼냈다고 한다. 모두들 내가 40시간 만에 깨어나자 그제야 안도하며 내가 깨어나지 못할 줄 알았다고 했다. 한마디로 죽다 살아난 것이다. 아내도 많이 다쳤는데, 다행히 나보다는 심하지 않았다.

그 사고로 병원에서 두 달간 입원해야 했는데, 나는 입원해 있는 동안 회사가 걱정이었다. 1974년 설립 이후 20년 동안 하루도 자리를 비우지 않고 회사를 운영해왔는데, 그렇게 오랜 시간 자리를 비우게 된 것이 처음이었다. 나는 내 몸보다 회사가 잘못되거나 망할까 봐 걱정되었다. 예나 지금이나 중소기업은 언제나 자금난이 문제였다. 특히 예전의 제조업은 더했는데, 우리 회사도 당시 자금난으로 하루도 편할 날이 없었다. 그러니 내가 회사를 비우면 당장이라도 부도가 날 줄 알았다.

그런데 내가 없는 두 달 동안 회사는 잘 굴러갔고 오히려 더 잘되고 있었다. 그때까지 회사는 나 없으면 안 될 거라는 생각을 했는데 내심

놀랐다. 지금 생각해보니 두 달간 입원했던 그때가 내 인생 최고의 휴식이었다. 수술 기구를 제조하는 회사의 사장이었지만, 병원 응급실에 실려 가 내가 만든 수술 기구들로 수술을 받는 아이러니한 상황을 겪으며 나는 건강의 중요성을 새삼 깨달았다. 또한 나 아니면 안 된다는 생각을 내려놓는 계기가 되었다.

그 사건을 겪은 이후 내 인생에 큰 변화가 생겼는데, 그것은 하나님을 만나게 된 것이다. 그때부터 나는 본격적인 신앙생활을 하게 되었다. 또한 덤으로 사는 인생에 감사하며 매년 1월 1일 새로운 해를 맞이하여 지인들에게 연하장 대신 안부 편지를 보내게 되었다(이 책의 4장에서 볼 수 있다). 흔히 사람들이 죽을 고비를 넘기고 나면 그 다음 사는 생을 '덤으로 사는 삶'이라고 표현한다. 나 역시도 그렇다. 교통사고를 겪은 이후 나에게 주어진 삶은 하늘이 나에게 준 덤이라고 생각한다. 그래서 매일 아침이면 제일 먼저 "오늘도 설렘의 하루가 되도록 하여주시옵소서!" 하며 감사 기도를 올린다. 사실 나뿐만 아니라 우리가 맞이하는 오늘 하루는 우리 모두에게 하늘이 준 선물이다.

우리 솔고는 매년 창립 기념일을 전 구성원이 봉사하는 날로 정하고 몇 군데로 나누어 봉사를 다녀온다. 처음에는 모두가 봉사를 다녀와서 보람을 느꼈고 세상을 보는 관점이 많이 달라졌고 배운 것도 많다고 흥분했는데, 금년에는 다녀와서 어떤 팀은 만족도가 높은 반면 어떤 팀은 반응이 별로였다. A 동네 등 잘 알려진 곳에 다녀온 팀들은 만족도가 아주 낮았는데, 그 이유는 실컷 봉사하고 사람대우를 못 받았다는 것이다. 그곳의 종사자들은 너무 많은 봉사자가 몰려오니 봉사 온 사람들에게 고마움을 느끼기보다는 자기들이 봉사할 장소를 제공하는 시혜를 베푸는 사람으로 착각하는 것인지도 모르겠다. 많은 인원이 함께 봉사할 수 있는 곳을 찾다 보니 이런 우를 범한 것 같다. 내년에는 10명 또는 20명 단위의 작은 그룹으로 쪼개서 좀 더 보람찬 봉사 활동을 하도록 기획해보기로 의견을 모았다.

결국 봉사를 하는 것도 남들이 알아줄 때, 즉 칭찬을 받을 때 신명이 난다. 그래서 "칭찬은 고래도 춤추게 한다"라고 하지 않는가.

지난 4년간 '웃음'을 각자의 습관으로 만들고 우리 솔고의 조직 문화로 안착시키고자 노력해왔다. "웃으면 복이 온다"라는 말은 일인칭, 즉 나에 대한 문제이다. 이제 내가 너에 대한 개념, 즉 나와 너, 일인칭에서 이인칭까지 확장하는 문제를 고민해본다. 그 결론이 바로 '칭찬하기', '칭찬 문화'의 도입이었다.

내년 2월까지 1등은 부부 동반으로 유럽/미주 여행, 2등 두 쌍은 동남아 여행, 3등 세 쌍은 제주도 여행이라는 상품을 걸고 '칭찬하기' 프로그램을 새로 도입했다. 역시나 화려한 상품 때문인지 사내 그룹웨어 '칭찬합시다' 게시판을 신설한 지 1개월 만에 칭찬 글이 무려 800개나 등록되었다.

'동료를 칭찬하는 문화'는 이미 많은 기업에서 시행하고 있는 인사 프로그램 중의 하나이지만, 기존의 칭찬 문화가 '칭찬받기'라면 우리 솔고는 반대로 '칭찬하기'이다. 이번에 시행하는 '칭찬하기'의 1, 2, 3등은 '칭찬을 제일 많이 받은 사람'이 아니라 '제일 많이 칭찬한 사람'이다. 더구나 '칭찬하기' 개수가 평균 이하가 되면 인사고과에 마이너스로 반영하기로 했다.

처음에 이런 제안을 했을 때 '칭찬을 받을 만한 베스트 사원'을 뽑는 것이 아니라 '무조건 칭찬을 많이 한 직원'을 1등으로 뽑는다는 것이 황당하다는 의견도 있었다. 하지만 '칭찬하기'를 시행한 지 1개월이 지난 지금 '남을 칭찬한다'는 것이 그렇게 쉽지만은 않다는 것을 깨닫기 시작했다.

대체로 칭찬하기 글을 많이 올린 직원들은 평소 긍정적인 사람들이다. 부정적인 사람들이 칭찬거리를 찾는다는 것이 그리 녹록하지 않은 것이다. '칭찬받기'보다 '칭찬하기'는 적극적인 참여를 유도한다. '칭찬거리'를 찾아내려면 평소 타인의 약점을 보던 관점에서 벗어나 그 사람의 매력을 더 찾아야 하고, 나쁜 행동을 지적하기보다는 좋은 점을 찾게 한다. 이러한 긍정적 사고가 우리 구성원 모두에게 강력한 힘이 되리라고 확신한다.

또한 '저 동료가 저런 행동을 했으니 칭찬해야겠다'라고 생각한다는 것은, 그 '칭찬받을 만한 행동'을 저절로 모방하고 자신의 행동을 투영해보는 계기가 될 것이다. 그 칭찬의 횟수가 늘어갈수록, 다양한 사람을 칭찬할수록 칭찬받는 사람이 아니라 칭찬하는 당사자에게 가장 이득이 될 것이다. 상대방을 칭찬하는 것은 바로 나의 복이 된다.

옛말에 예인조복譽人造福이라는 말이 있다. 남을 칭찬해 복을 짓는다는 뜻이다. 복은 하늘에서 떨어지는 것이 아니라 스스로 만들어가는 것이며, 다른 사람을 칭찬하고 사랑하는 것이 복을 받는 첩경이다. 복은 부처님이, 하나님이 우리에게 주시는 것이 아니라 자기가 만들어가는 것이다.

'웃음'과 '칭찬'이 우리 솔고 전 구성원의 습관이 되고 솔고의 문화가 되면, 모두가 복을 받고, 또한 우리 솔고에도 큰 복이 있을 것임을 확신한다.

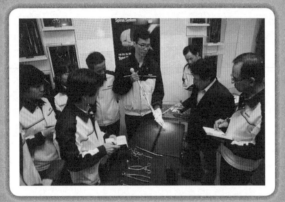

3

따뜻한
세상을 위하여

건강이란 다름 아닌 몸이 따뜻하고, 마음이 따뜻하고, 삶이 따뜻해야 하는 것이다.

몸이 따뜻하면 면역력이 높아지고 질병이나 상처가 나도 금방 회복된다.

미병에서 벗어나 자연 수명과 건강 수명을 일치시킬 수 있다.

마음이 따뜻하면 스트레스를 받더라도 이겨낼 수 있으며

누구에게 험담을 듣거나 정신적 충격을 받아도 금세 안정을 찾을 수 있다.

그리고 삶이 따뜻하면 좋은 인간관계를 맺으며, 활기차고 행복하게 지낼 수 있다.

서당 개,
풍월을 읊다

서당 개도 3년이면 풍월을 읊는다고 했던가. 대한민국 최초 국산 수술 기구 개발 업체로서 40년 가까이 의료 분야에 종사하다 보니 건강에 대해 나름대로 개념을 가지게 되어 서당 개 정도는 된 것 같다.

예나 지금이나 병든 사람에게 의사는 꼭 필요한 존재이다. 《성경》에도 "건강한 자에게는 의사가 쓸데없고, 병든 자에게라야 쓸데 있다"라는 구절이 나온다(마태복음 9 : 9). 그만큼 의사의 역할은 오직 환자에게 의미가 있다는 것을 뜻하기도 한다. 동양이든 서양이든 역사적으로 유명한 의사가 많이 있다. 기원전 5세기 무렵, 서양에는 히포크라테스가 있었고, 동양에는 편작이 있었다. 그 후로 화타가 있었고, 우리나라에는 허준 같은 명의가 있었다. 어쩌면 인류가 탄생한 이래 제일 먼저 생겨난 직업 중에 하나가 의사일 것이다. 불교에서도 인생을 생로병사生老病死라고 하지 않았는가? 의사는 일생을 사는 동안 나에게 영향을 미치는 가장 중요한 사람 가운데 한 사람일 것이다. 의사의 손에 태어나 의사의 손에 치료받고, 결국 의사의 손에서 생을 마감하지 않는가? 실제로 솔고가 만드는 제품들도 모두 병원의 수술 현장에서 쓰이는 기구들이니 솔고의 제품을 통해 태어나고, 치료받고, 생을 마감한 사람도 많을 것이다.

나는 의료 분야에 종사하는 사람으로서 과연 건강이란 무엇이며 건강하게 살다 건강하게 죽는다는 것이 무엇인지 성찰해보았다. 예전에는 그저 생계의 수단으로, 회사의 매출과 이익을 위해 제품을 생산하고 판매하는 것이 전부였다. 하지만 시간이 지나 보니 우리 제품 모두가 건강을 위한 것이었다. 따라서 건강에 대한 정의가 바로 서야 했고, 우리 솔고의 존재 의미가 건강이라는 결론에 다다랐다.

세계보건기구

건강이란 과연 어떻게 정의할 수 있을까? 사람마다 생각하는 건강의 정의가 조금씩 다를 수 있다. 나는 건강에 대한 다양한 정의 중에 세계보건기구WHO에서 발표한 정의가 가장 합리적이라고 생각한다. 세계보건기구에서는 "건강이란, 질병이 없고 허약하지 않을 뿐만 아니라 신체적·정신적·사회적으로 안녕한 상태를 말한다Health is a state of complete physical, mental, and social well-being and not merely the absence of disease or infirmity"

라고 했다. 다시 말해 진정한 건강이란 육체적 건강과 아울러 정신적 건강과 사회적 건강까지 포함한 의미이다.

질병

　건강의 기본은 질병이 없는 것이다. 현대 의학에 따르면 질병의 종류는 만 가지가 넘는다고 한다. 만 가지가 넘는 질병은 분류 방식에 따라 다양하게 나눌 수 있다. 세계보건기구에서는 국제질병분류체계 International Classification of Diseases : ICD라 하여 전염병, 종양, 혈액 및 면역체계, 내분비, 정신, 신경계통, 눈, 귀, 순환계통, 호흡계통, 소화계통, 피부, 근육, 생식, 임신, 선천성 기형, 상처와 중독 등으로 분류했다. 서구어의 근간을 이루는 인도·유럽어족에서는 질병을 다음과 같이 네 가지로 개념화하는데, '약함, 힘의 결핍', '결함이나 추함', '불편감', '고통이나 통증'이다. 또한 한의학에서는 병을 기氣와 혈血, 오장五臟과 육부六腑에 따라 분류하기도 한다.

　이처럼 질병은 병인病因이나 병소病所에 따라 분류하는 것이 다르고,

서양의학과 동양의학에 따라 분류 방식이 다를 수 있다. 그만큼 질병의 종류도 다양하거니와 질병이라는 개념 자체도 사람에 따라 매우 다를 수 있다. 이렇게나 많은 종류의 질병이 없어야 건강하다고 한다면 과연 어떻게 해야 질병을 예방할 수 있을까? 갑작스러운 사고에 의한 손상을 제외한다면 대부분의 질병은 면역력을 강화하면 예방할 수 있다.

면역력이란 외부에서 들어온 병원균에 저항하는 힘으로서, 내 몸을 스스로 치유하는 인체 방어 시스템이다. 인체는 매일 수많은 세균과 병원균의 공격을 받는데, 질병에 걸리지 않는 이유는 면역력이 있기 때문이다. 암의 치료에서도 면역력은 매우 중요하다. 신체의 면역 체계가 암세포와 싸워 이길 힘이 있으면 암은 사라진다. 반대로 면역 기능이 약해지면 암에 걸리는 것이다. 따라서 질병에 걸리지 않으려면 조물주가 인간에게 부여한 인체 방어 능력인 면역력을 높여야 한다.

허약하지
않음

허약한 체질은 두 가지로 나눌 수 있는데, 먼저 태어나면서부터 약골로 태어난 선천적 허약 체질이 있다. 다음으로, 병을 앓은 후나 출산 후, 과도한 스트레스, 지속적인 육체적 과로 등으로 인해 후천적으로 몸이 약해진 경우가 있다. 몸이 허약한 상태가 지속되면 만성적인 피로와 무기력감, 권태감으로 일상생활에 활력을 잃게 되고, 정신적으로도 자신감을 잃고 적극적인 사회 활동에 지장을 초래하기도 한다.

건강한 신체에서 건강한 정신과 건강한 사회 활동이 나오기 마련이다. 허약하지 않다는 것은 튼튼하다는 것으로, 육체적 에너지가 충만하고 정신적 에너지도 높다는 말이다. 튼튼한 육체를 만들려면 좋은 음식을 먹고 꾸준한 운동을 하여 체력을 유지해야 한다. 정신적 에너지를 높이려면 항상 긍정적이고 매사에 감사할 줄 아는 마음을 길러야 한다.

육체적·정신적·
사회적 안녕

세계보건기구는 건강의 궁극적 상태를 "육체적·정신적·사회적으로 안녕한 상태"라고 했다. 우리말로 표현하면 '몸과 마음과 삶이 안녕한 상태'를 말한다. 안녕安寧은 편안할 안安 자에 편안할 녕寧 자를 쓰는 단어로, 편안하다는 말이다. 따라서 건강이란 몸과 마음과 삶이 편안해야 한다는 것이다. 몸은 편안하지만 마음은 편안하지 않은 사람이 있을 수도 있고, 마음은 편안하지만 몸이 불편한 사람이 있을 수도 있다. 또 몸과 마음은 편하지만 사람과의 관계, 즉 삶이 편안하지 못한 사람이 있을 수도 있다. 몸과 마음과 삶이 편안해야 건강한 것이라는 정의를 보며 건강 분야에 종사해온 사람으로서 많은 것을 생각하게 되었다. 우리가 사람들의 건강을 위한 회사라면 몸과 마음과 삶을 편안하게 하는 것이 무엇인가에 대해 고민하게 된다.

편작과
미병

앞서 이야기했듯이, 죽은 사람도 살려냈다는 중국 전국시대의 전설적인 명의 편작과 그의 형제에 대한 이야기가 《갈관지》라는 책에 실려있다. 중국 위나라 문왕과 편작이 나눈 대화인데, 문왕은 형제 중 누가가장 훌륭한 의사인지 물었다. 편작은 큰형이 가장 뛰어나고, 그다음이작은형이고, 자신이 가장 아래라고 대답했다. 큰형은 상대방이 아픔을느끼기 전에 얼굴빛을 보고 그에게 장차 병이 있을 것을 알아서 병이생기기도 전에 원인을 제거해 낫게 하고, 작은형은 상대의 병세가 미미할 때 치료해주어 큰 병이 나지 않게 막아주기 때문이라는 것이다.

세계보건기구에서는 전 세계 인구 가운데 건강한 사람은 5퍼센트,병을 앓고 있는 환자는 20퍼센트, 나머지 75퍼센트는 미병未病 상태라고 발표했다. 미병 상태란 의학적 소견으로는 질병이 없지만 다양한 형태의 증상을 가지고 있는 반건강 상태로, 쉽게 말해 질병은 없어도 건강하지는 못한 상태를 말한다. 따라서 95퍼센트의 사람이 환자 아니면 미병자라는 말이다. 미병은 인체의 불균형 상태이며 면역 체계에 이상이 있는 상태를 말한다.

면역력과
체온

세계보건기구가 말한 건강의 정의대로라면, 질병이 없고 허약하지 않기 위해서, 그리고 20퍼센트의 환자와 75퍼센트의 미병자를 위해서도 필요한 것은 바로 면역력이다. 면역력이 높으면, 질병을 예방하고 허약하지도 않으며 미병 상태에서도 벗어날 수 있다. 면역력을 높이기 위해 많은 사람이 특별한 보양식이나 인삼·녹용·웅담 등의 보약을 떠올리지만, 무엇보다 중요한 것은 올바른 생활 습관을 실천하는 것이다. 규칙적으로 운동하고 폭음이나 과로를 하지 않고 금연하는 것은 기본이다. 손만 깨끗하게 씻어도 감염 질환의 60퍼센트를 예방할 수 있다고 한다. 또한 하루 8시간 정도의 충분한 수면과 규칙적인 생활을 통해 생체리듬을 유지해야 한다.

그런데 이러한 방법도 중요하지만, 면역력을 높이기 위해 매우 중요한 생활 습관은 바로 체온을 1도 높이는 것이다. 체온은 우리 몸이 건강한지 아닌지를 알 수 있는 가장 중요한 지표이다. 생명 에너지는 바로 열에너지이다. 《성경》에 의하면 조물주가 흙으로 사람을 만들어 그 코에 생기를 불어넣었다고 하는데, 나는 그 생기가 바로 열에너지였다고 생각한다. 이 생명 에너지는 37도이다. 아이를 잉태한 어머니의 자궁 내 온도가 37도라고 한다. 37도는 생명의 기준이 되는 온도인데, 생명을 유지할 수 있는 온도가 ⊥2도이다. 35도는 저체온의 기준으로, 피부는 창백해지고 몸은 떨린다. 반대로 39도는 고열의 기준으로, 심한 땀과 홍조가 나타나고 심장박동이 빨라진다. 또한 생명 한계온도는 ±5도로서 체온이 32도가 되면 의학적 응급 상황으로 떨림도 완전히 멈추며 혼수상태에 들어간다. 체온이 42도가 되면 뇌세포가 죽기 시작한다. 따라서 생명의 기준 온도인 37도를 유지하는 것이 건강을 유지하는 데 매우 중요하다.

정상 체온은 면역 체계가 모두 정상이고 호르몬 분비도 정상임을 의미하지만, 저체온은 면역 체계가 흔들리고 호르몬 분비도 원활하지 못한 것을 나타낸다. 하지만 스트레스와 운동 부족, 자연식이 아닌 인공식을 하며 점차 인간은 몸의 열을 잃었다.

요즘은 체온이 36도 이하인 저체온증을 가진 사람이 많은데, 체온이 1도 내려가면 면역력은 30퍼센트가 떨어진다. 저체온을 방치하면 피부가 거칠어지고 변비·잇몸염 등 가벼운 증상이 시작된다. 그리고 암, 위궤양, 당뇨, 골다공증, 궤양성 대장염, 메니에르병, 간질성 폐렴, 파킨슨병, 치매 등의 심각한 병과 천식과 아토피, 알레르기처럼 한번 발병하면 완치하기 힘든 알레르기질환까지도 유발한다고 알려져 있다.

반대로 체온을 1도만 올리면 면역력은 다섯 배 강해진다. 세계적으로 유명한 면역학자인 일본의 이시하라 유미와 아보 도루는 체온을 1도 올리면 면역력이 최고 다섯 배 높아진다고 강조했다. 체온을 높이면 면역력이 높아져 쉽게 병에 걸리지 않는 건강 체질로 변화하며, 몸이 예뻐지고 쉽게 살찌지 않는 체질로 변화한다. 또 피로와 스트레스에 강한 몸으로 바뀌고, 혈액순환과 냉증이 개선되면서 갱년기장애를 극복할 수 있다. 물론 치매와 노화를 개선하고, 두뇌 훈련에도 도움이 되며, 남성 기능도 월등히 좋아진다. 요즘은 건강학자들과 의사들이 체온과 건강에 대한 책을 많이 출간하여 체온의 중요성이 널리 알려져 있으나, 아직도 많은 사람이 체온의 중요성을 잘 모른다. 질병이 발생하면 유전적 요인이나 다른 원인을 찾는 경우가 많은데, 많은 질병이 저체온에서 유발된다.

체온이 오르면 면역력이 높아지는 이유는 두 가지인데, 하나는 혈액 흐름이 원활해지기 때문이다. 체온이 오르면 혈액순환이 좋아지는 것은 사우나에서의 몸 상태를 생각해보면 쉽게 알 수 있다. 이때 백혈구가 혈액을 타고 몸속을 돌면서 이물질을 발견하면 맞서 싸우고 동시에 몸의 자정 기능을 동원한다. 또한 백혈구는 침입한 세균을 소화·분해하여 무독화시킨다고 알려져 있다.

또 다른 이유는 인간의 생명 활동과 유지에 필요한 효소가 37도일 때 가장 활발하게 활동하기 때문이다. 효소란 원래 몸속에서 화학반응이 일어날 때 필요한 촉매제인데, 모든 생명체는 몸속에서 갖가지 화학 반응이 쉴 새 없이 일어나는 것이 정상이다. 음식물을 소화하는 것은 '분해' 기능에 속하고, 영양분을 몸속으로 받아들이는 것은 '흡수' 기능이며, 노폐물을 몸 밖으로 내보내는 것은 '배출' 기능이다. 이런 신진대사를 하는 작용, 그리고 세포가 에너지를 만드는 작용은 모두 효소라는 촉매제를 필요로 하는 화학반응이다. 그런데 이 효소 작용을 활성화하는 것이 다름 아닌 따뜻한 체온이다.

결론적으로 우리가 이제껏 간과해온 체온이 가장 중요하게 여겨야 할 건강의 필수 요소라는 사실을 알아야 한다.

히포크라테스

기원전 460년, 에게 해 남동쪽 코스 섬에서는 훗날 세계 의학계의 아버지로 불리는 한 사내가 태어났다. 그의 집안은 대대로 마술사였는데, 그는 아버지에게서 의학을 배우며 자랐다. 코스 섬에는 의학의 신 '아스클레피오스' 신전이 있었는데 이런 영향으로 그는 어릴 때부터 의학을 배웠고, 나중에 의학교를 세우고 의학 책을 저술한다. 이후로 모든 의사는 그가 만든 선서를 하며 의사의 길을 걷게 된다. 그가 바로 의성醫聖 히포크라테스이다.

일찍이 그는 인체가 불·물·공기·흙이라는 4원소로 되어 있고, 인간의 생활은 그에 상응하는 혈액·점액·황담즙·흑담즙의 네 가지로 이루어진다고 생각했다. 이 네 가지 액이 조화되면 에우크라지에eukrasie라고 불렀고, 반대로 그 조화가 무너지면 디스크라지에dyskrasie라 하여 질병이 생긴다고 했다. 그가 인간의 신체를 구성하는 요소 중에 불[火]을 언급한 까닭은 신체가 생명을 유지하려면 '체온'이 있어야 하기 때문이다.

그는 의학계에 길이 남을 책을 많이 저술했는데, 우리가 흔히 말하는 "인생은 짧고 예술은 길다"라는 말 역시 그의 잠언집에 나오는 말이다. 이때 예술은 지금 우리가 생각하는 음악이나 미술이 아니다. 바로 의술을 예술이라고 표현한 것이다. 우리의 인생은 짧지만, 수많은 사람의 노력으로 이루어진 의술은 영원히 이어질 것이다. 히포크라테스는 또 다음과 같은 유명한 말을 남겼다.

약으로 못 고치는 병은 칼로 치료하고,
칼로 못 고치는 병은 불로 치료한다.
불로 못 고치는 병은 방법이 없다.

불로 치료한다는 것은 열 치료를 의미한다. 현대 의학으로도 난치병 중의 하나인 암 치료도 고에너지의 방사선을 이용하여 암세포를 죽이는 것인데, 그것 역시 열 치료이니 불로 치료하는 것과 마찬가지이다. 영어로 열 치료를 파이로테라피(Pyrotherapy : Pyro는 불을, therapy는 치료를 뜻함)라고 하는데, 20세기 초까지 매우 광범하게 행해졌던 치료술 중 하나이다.

한의학에서도 '1뜸, 2침, 3약'이라 하여 뜸을 최고로 치고, 그다음이 침, 그리고 약을 마지막으로 쳤다. 뜸이 불이고 침은 일종의 칼이니, 그 순서가 히포크라테스가 말한 것과 일치한다. 음식이 없어도 40일을 버틸 수 있고, 물을 먹지 않으면 1주일을 버틸 수 있지만, 체온이 떨어지면 단 몇 시간도 버틸 수 없는 것이 우리의 몸이다. 재난을 당했을 때 제일 먼저 전해주어야 할 구호품은 음식과 물이 아닌 이불이다. 실제로 일본의 지진해일 참사 때 가장 시급하게 요청한 것은 물이 아니라 담요였다고 한다. 이렇듯 체온은 건강을 유지하는 데 매우 중요하며, 체온을 높여 병을 치료하는 열 치료 역시 중요한 치료 방법이다.

편안함과
따뜻함

건강에 대해 중요한 대목을 요약하니 다음과 같다. 첫째, 세계보건기구의 정의대로 건강이란 질병이 없고 허약하지 않으며 몸과 마음과 삶이 편안해야 한다는 것이다. 둘째, 전체 인구의 75퍼센트가 미병이라는 것이다. 그래서 면역력을 높이는 것이 중요하다. 면역력을 높이려면 체온을 1도 높이는 습관을 들여야 한다. 그리고 체온을 높이려면 항상 몸을 따뜻하게 해야 한다.

안녕한 상태는 편안한 상태를 의미하며 편안한 상태는 따뜻한 상태를 말한다. 눈을 감고 편안한 상태를 상상을 해보자. 무엇이 떠오르는가? 따뜻한 것이 떠오르지 않는가? 반대로 추운 것을 상상해보라. 추운 것을 떠올리면 도무지 편안한 상태가 느껴지지 않는다. 편안함은 곧 따뜻함인 것이다. 편안함을 느낀다는 것은 우리 몸이 따뜻하고 면역 체계가 활성화되어 신체가 균형과 조화를 이루고 있다는 신호이다. 따라서 세계보건기구의 건강의 정의를 순우리말로 표현하면 이렇게 된다.

"아프지 않고, 튼튼하며, 몸과 마음과 삶이 따뜻한 것이다."

건강이란 다름 아닌 몸이 따뜻하고, 마음이 따뜻하고, 삶이 따뜻한 것이다. 몸이 따뜻하면 면역력이 높아지고 질병이나 상처가 생겨도 금방 회복된다. 몸이 따뜻해야 음식도 잘 소화하고 튼튼해진다. 마음이 따뜻하면 스트레스를 받더라도 이겨낼 수 있으며 누구에게 험담을 듣거나 정신적 충격을 받아도 금세 안정을 찾을 수 있다. 그리고 삶이 따뜻하면 좋은 인간관계를 맺으며, 활기차고 행복하게 지낼 수 있다.

한국의 위대한
세 가지 문화

중국과 일본 등지에서 시작한 한류 열풍은 아시아 전체를 넘어 전 세계로 확산되고 있다. 이제는 케이팝K-pop에 열광하는 외국인의 모습을 어렵지 않게 볼 수 있다. 프랑스의 지성으로 손꼽히는 기 소르망이 "상품과 문화를 동시에 수출한 나라는 미국, 프랑스, 독일, 일본, 그리고 대한민국뿐"이라고 말했듯이, 우리의 자동차와 전자 제품뿐 아니라 드라마와 영화, 음악에도 세계인들이 열광하고 있다. 다양한 분야에서 한류 열풍을 일으키며 세계 속의 중심 국가로 부상하는 것을 보면 참으로 격세지감을 느낀다. 우리나라가 제품만 잘 만드는 나라가 아니라 문화 강국이기 때문에 가능한 일이다.

영화나 드라마, 음악 말고도 요즘은 우리의 음식 문화도 새로운 한류를 일으키며 선풍적인 인기를 끌고 있다. 우리의 대표적 음식 문화로 발효 문화를 꼽을 수 있는데, 각종 술이며 젓갈, 메주 등이 모두 발효 식품이다. 그중에서도 김치는 우리 발효 문화의 백미라 할 수 있다. 김치는 그 종류도 매우 다양해서 200가지가 넘는다고 하는데, 이토록 다양한 종류의 발효 식품을 만드는 음식 문화는 세계 어디에서도 찾아볼 수 없다. 우리 김치의 우수성은 이미 전 세계에 알려져 많은 이가 웰빙 푸드로 즐기고 있다.

김치와 더불어 우리만의 독특한 문화가 또 있으니, 바로 비빔밥 문화이다. 요즘은 퓨전, 융합, 통섭이라는 단어가 유행처럼 쓰이고 있다. 21세기는 다양한 분야를 접목해서 새로운 것을 창출해내는 융합의 시대이기 때문인데, 우리에게는 이미 수천 년 전부터 비빔밥 문화가 있어왔다. 발효 문화인 김치나 비빔밥 모두 우리만의 독특한 음식 문화이면서 절묘한 융합의 모델인 것을 보면, 우리에게는 타고난 융합 DNA가 흐르는 것 같다.

그런데 우리에게는 김치나 비빔밥 말고도 또 다른 우수한 문화가 있다. 그것이 바로 온돌 문화이다. 기록에 의하면 이 온돌은 고조선 때부터 내려온 우리의 고유문화로서, 온돌과 함께 수천 년간 살면서 우리 몸에는 온돌 DNA가 만들어졌다. 우리나라에는 유독 찜질방이 발달했는데, 뜨끈뜨끈한 바닥에 몸을 지지고 땀을 내는 것 역시 우리에게 온돌 DNA가 있기 때문이다. 그런데 온돌을 우리나라 재래식 난방장치로만 생각하는 사람이 많다. 그러나 온돌은 정확히 말해 난방장치를 넘어서 인체의 건강과 생활을 위한 우리 조상들의 지혜가 담긴 위대한 건강 장치이다.

건강을 위해서는 체온을 올려야 하는데, 그러려면 꾸준한 운동으로 근육을 강화하고 유산소운동으로 혈액순환을 원활하게 하며, 찬 음식을 피하고 몸을 따뜻하게 하는 음식을 먹어야 한다. 또 사우나와 찜질 등을 꾸준히 하는 것도 도움이 된다. 하지만 무엇보다 중요한 것은 하루 8시간의 잠자는 시간 동안 몸을 따뜻하게 하는 것이다. 수면 시간은 일상 속에서 건강관리를 하기에 가장 유용하다. 수면과 건강, 건강과 체온의 연결 고리에서 발견한 것이 바로 우리의 '온돌'이다. 건강과 온돌의 상관관계를 풀기 위해서는 온돌의 뜻부터 다시 살펴보아야 한다. 온돌을 한자 따뜻할 온溫 자에 우리말 돌石 자를 붙여 만들어진 단어라고 생각하여 '따뜻한 돌'이라는 뜻으로 생각하는 사람이 많다. 하지만 온돌은 그렇게 한자와 한글을 섞어 만든 단어가 아니다. 온돌은 따뜻할 온溫 자에 솟구칠 돌突 자로 이루어진 단어로, '따뜻함이 솟구친다'라는 의미이다. 다시 말해 따뜻한 돌이 아니라 '따뜻함이 솟구치는 장치'를 온돌이라 하는 것이다.

사람들은 온돌을 우리나라 재래식 난방시설로만 알고 있다. 온돌을 난방시설로만 생각하면 온돌이 지닌 우수성을 제대로 알 수가 없다. 온돌은 단순히 난방시설이 아니라 우리의 건강을 유지하는 건강 장치로 이해해야 그 우수성을 제대로 이해할 수 있다. 온돌은 체온을 높여주어 건강을 유지하게 할 뿐만 아니라, 습할 때는 수분을 흡수하고 건조할 때는 다시 방출하여 방 안의 습도를 조절하고, 땅에서 올라오는 습기를 막아주며, 겨울에는 지열을 유지하는 역할을 한다. 무엇보다 우수한 점은, 열을 인체에 골고루 전달하여 체온을 높이고 혈액순환을 원활하게 하며 피로를 회복하고 잠자는 동안 면역력을 증진시키는 역할을 한다는 것이다. 대부분 다른 나라의 난방은 벽난로, 라디에이터, 히터 등 공기를 가열하는 방식이기 때문에 가열된 공기는 천장을 덥힐 뿐이고 인체의 한 부분만을 데움으로써 비효율적이고 건강에도 좋지 않다.

'따뜻함이 솟구치는 장치'로서 온돌의 기본이 되는 구들은 '뜨겁다'라는 말을 어원으로 한다. 이 구들의 열이 통과하는 구멍을 고래라고 하는데, 아궁이에 불을 지피면 고래 내부를 따라 연기가 이동하며 카본 Carbon 터널이 형성된다. 이 카본 터널에서 발생하는 열은 숯과 동일한 파장대의 원적외선으로, 우리 몸 깊숙이 열을 전달하는 '심부 발열深部發熱'이다. 이 열이 우리 몸속의 체온까지 높여주어 혈액순환과 면역력 증진에 도움을 주는 것이다. 단순히 공기를 덥히는 난로나 히터로는 이러한 효과를 거둘 수 없다. 이처럼 온돌은 난방을 넘어 건강 증진에 매우 효과적인데, 사람이 자는 동안 쌓였던 피로가 풀리고 호르몬이 재정비되고 면역력이 활성화되기 때문이다.

현대인에게는 저체온증이 많이 나타나는데, 거기에는 여러 요인이 있지만 서구식 생활 방식으로 침대를 사용하고 공기를 덥히는 난방을 하게 된 것도 그중 하나라고 생각한다. 그런 면에서 돌침대를 온돌로 생각하는 사람이 많이 있는데, 엄밀히 말하면 돌침대는 온돌이 아니다.

그러나 온돌이 아무리 우수하다고 해도 그 구조를 현대식 건물에 적용할 수는 없다. 따라서 온돌을 현대화하고 과학화해서 생활에 접목해야 한다. 그렇게 해서 탄생한 것이 바로 우리가 개발한 소프트 온돌, 파이로텍스(Pyrotex : 탄소발열섬유)이다. 파이로텍스는 열이 솟구치는 온돌의 원리를 과학화하여 의공학 기술로 구현한 발열체로서, 숯과 동일한 파장대의 원적외선이 나와 우리 몸 깊숙이 열을 전달하여 온열 치료 효과를 나타낸다.

온열 치료와 관련해서는 잊지 못할 에피소드가 있다. 2002년도에 한 경력직 여사원이 홍보팀에 입사했다. 당시 스물여덟 살이었던 그녀는 이듬해인 2003년 겨울, 허리 디스크 4번과 5번이 터져서 허리는 돌아가고 다리까지 저는 지경에 이르렀다. 나는 최고의 정형외과 전문의인 서울대학교 이춘기 교수에게 그 직원의 치료를 부탁했다. 이 교수는 검진을 마치고 상태가 매우 심각하니 수술을 해야 한다는 진단을 내렸다.

젊은 여성이 허리 디스크로 수술까지 해야 하는 상황이 안타까워 당시 우리 회사에서 개발한 온열 매트를 주고 사용하라고 했다. 디스크 수술을 하기로 한 날짜까지 한 달 정도 시간이 남아 있어 그동안 그녀는 회사 근처의 병원에서 물리치료를 받았다. 병원에서 물리치료를 받고 집에 가면 매일 온열 매트를 뜨겁게 하고 잤다고 한다.

그런데 신기한 일이 생겼다. 다리 저는 현상이 줄고, 허리도 제자리로 돌아오고, 통증도 사라지기 시작했다. 물리치료를 받고 나면 효과는 잠시뿐이고 다시 아파오는데, 온열 매트에 뜨겁게 몸을 지지고 나면 통증이 거짓말처럼 사라졌고 매일 뜨겁게 하고 잠을 자니 아침에 몸이 가뿐해졌다고 한다. 결국 수술 날짜가 되기 전에 씻은 듯이 나아버렸다. 기적이 일어난 것이다. 그렇게 건강을 되찾은 그녀는 3년 후 회사 내에서 남편을 만나 결혼도 하고 아이도 낳아 잘 살고 있다. 지금까지 10년째 회사에 다니며 누구보다 열렬한 열 치료 전도사가 되어 있다.

구들

구들은 온돌(溫突)과 같은 뜻을 가진 우리말 이름으로, 전통적인 난방 방법 중의 하나이다. 구들은 바닥 난방이면서 축열 난방(蓄熱煖房) 방식으로, 난방과 취사를 이상적으로 겸한 구조물이다. 구들의 원리는 고래를 켠 다음 구들장을 덮고 흙을 발라서 방바닥을 만들고 아궁이에 불을 때어 고래로 연기와 열기를 통과시키는 과정에서 상승하려는 열기로 방바닥을 데우는 것이다. 그리고 데워진 방바닥은 다시 실내 공기를 따뜻하게 만든다. 구들의 구조는 크게 아궁이, 고래, 굴뚝의 세 부분으로 구분된다.

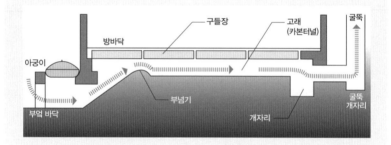

• 고래 : 구들장 밑으로 낸 고랑으로, 불길과 연기가 빠져나가는 통로로써 카본터널이 형성된다.

• 부넘기 : 고래가 시작되는 어귀에 조금 높게 쌓아 불길이 아궁이에서 골고루 방고래로 넘어가게 만든 언덕을 말한다. 온돌을 빨리 데우고 재를 가라앉히는 턱이 된다.

• 개자리 : 불기운을 빨아들이고 연기를 머무르게 하려고 온돌 윗목 밑으로 고래보다 더 깊이 파놓은 고랑이다.

이생과
건강 수명

흔히 지금의 시대를 인생 100세 시대라고 한다. 평균수명이 꾸준히 늘어 곧 100세를 넘어설 것이라는 예견이다. 평균수명은 보통 1년에 0.5년씩 늘어나는 추세이다. 하지만 우리나라의 경우 1970년에는 61.9세였는데 2010년 80.8세가 되었으니, 40년 만에 20년이 늘었다. 역사적으로 고대 이집트인의 평균수명은 20~30세에 불과했고 40세를 넘긴 경우가 드물었다고 한다. 또한 14세기 영국인의 평균수명은 38세였고, 1900년대까지 인류의 평균수명이 48세에 불과했다. 역사가 기록된 이래로 이렇게 평균수명이 높아진 시대는 없었다. 인류는 지금껏 경험해 보지 못한 시대를 맞이하는 것이다.

고령화 시대를 맞이하여 그 전까지는 일생一生을 살았다면 이제는 이생二生을 살게 된다. 50세까지를 일생으로 표현하고 50세부터 100세까지를 이생으로 봐야 한다. 이제 우리는 이생을 어떻게 잘 사는지에 대해 준비해야 한다. 50세까지의 일생은 부모에게서 물려받은 건강으로 살 수 있지만, 이생은 관리하고 준비한 건강으로 살아간다. 일생은 몸이 건강한 데 비해 정신과 뇌는 상대적으로 약할 수 있다. 하지만 이생은 육체적으로는 약해져도 정신과 뇌가 그만큼 더 강해져서 균형을 이루어야 한다. 육체적 에너지와 정신적 에너지가 일체가 되어 언제나 항상성을 이루어야 하는 것이다. 고령화 사회를 어떤 학자들은 뇌본사회腦本社會라고도 표현하는데 바로 이런 이유에서이다.

이생을 살면서 중요한 것은 자연 수명과 건강 수명의 일치화이다. 자연 수명은 육신의 수명으로, 심장이 멎는 순간까지의 수명이라 할 수 있다. 건강 수명은 의식이 또렷해서 의사소통을 하고 원하는 활동을 할 수 있는 수명을 말한다. 일생에서는 자연 수명과 건강 수명이 대부분 일치한다. 그런데 이생에서는 자연 수명과 건강 수명이 일치하지 못한다. 쉽게 말해 치매나 식물인간으로 남은 삶을 산다면, 그것은 건강 수명이 끝난 상태에서 자연 수명만 연명하는 것이다. 진정한 건강이란 자연 수명과 건강 수명이 일치하여 죽는 순간에 자신의 죽음을 바라볼 수 있어야 한다.

러시아의 대문호 톨스토이는 1828년 9월 9일에 태어나 1910년 11월 7일에 사망했는데, 당시 러시아인의 평균수명인 40세의 두 배 가까이 되는 80대에 생을 마쳤다. 톨스토이는 죽는 순간까지 자신의 죽음을 인지했고, 마지막 순간에 "진리를……나는……사랑한다"라는 말로 생을 마감했다고 한다. 이는 자연 수명과 건강 수명이 일치된 최고의 사례 중 하나라고 생각한다. 나도 나의 생이 다하는 순간, 나의 죽음을 응시하며 생을 마감하고 싶다.

따뜻한
세상을 위해

2008년 한국보건사회연구원의 발표에 따르면, 우리나라 사람들의 사망 원인은 암이 28퍼센트, 뇌혈관 질환이 11퍼센트, 심장 질환이 9퍼센트, 자살이 5.2퍼센트라고 한다. 여전히 암이 주요 원인이고, 그다음이 뇌혈관 및 심혈관 질환이다. 인구 10만 명당 암 사망자는 1998년 108.6명에서 2008년 139.5명으로 10년 동안 30.9명이 증가했다. 평균수명이 매년 높아지는데도 암 사망률은 갈수록 높아지니 건강 수명이 좋아졌다고 말할 수 없다. 그다음 사망 원인으로 손꼽히는 질병은 심근경색과 뇌졸중이다. 심근경색은 심장 혈관이 막혀 일어나는 질병인데, 이 역시 점점 늘어나고 있다. 뇌졸중은 뇌혈관이 막히거나 찢어져 일어나는 병으로, 뇌의 혈관이 터지는 뇌출혈과 혈전으로 혈관이 막히는 뇌경색 두 가지로 나뉜다.

세계보건기구는 2002년 〈세계질병부담〉이라는 보고서를 내놓았는데, 하버드 대학교와 함께 1996년부터 5년에 걸쳐 진행한 연구 내용을 담고 있다. 그 전까지 세계보건기구에서는 사망률을 기준으로 질병의 심각성을 따졌는데, 이 연구에서는 치료비와 질병으로 인한 경제적 손실을 계산하여 순위를 매겼다. 사망률로 질병의 심각성을 매기면 암·뇌혈관 질환·심혈관 질환 등이 3대 질환으로 나타나는 데 반해, 이러한 기준으로 매기면 의외의 결과가 나타난다. 치료비와 경제적 손실로 매겼을 때에는 1990년에는 폐렴·설사·출산 관련 질병이 3대 질병으로 꼽혔다. 지구촌 전체를 생각하면 이해가 되는 내용이다. 가난과 열악한 의료 수준, 불결한 생활환경에서 사는 사람이 그만큼 많기 때문이다. 그런데 세계보건기구는 2020년이 되면 심장 질환·우울증·교통사고가 인류를 괴롭히는 3대 질환이 될 것이라고 예견했다.

우울증이 새롭게 인류를 괴롭히는 병이 될 것이라는 예측은 현대사회가 극단적인 스트레스 사회가 될 것이라는 사실을 말해준다.

주지하다시피 우리나라는 현재 8년 연속 경제협력개발기구OECD 국가 중 자살률 1위를 기록하고 있다. 더 심각한 것은, 다른 OECD 국가들은 자살률이 떨어지는 데 반해 우리나라는 매년 가파르게 상승하고 있다는 점이다. 2010년 기준 우리나라의 자살자는 1만 5566명으로, 2000년 6444명에 비해 무려 두 배 이상 증가했다. 하루 평균 43명, 매 33분마다 한 명씩 스스로 목숨을 끊는 것이다.

노래와 춤을 즐기는 민족답게 전국 곳곳에 노래방 없는 곳이 없는 나라가 어쩌다 자살률 1위라는 불명예를 안게 되었을까? 그것은 우울증과 스트레스가 가장 큰 원인이다. 서양 속담에 사람이 결코 피할 수 없는 것이 두 가지 있으니, 죽음과 세금이라고 했다. 나는 여기에 한 가지를 덧붙여 현대인이 결코 피할 수 없는 것이 죽음, 세금, 그리고 스트레스라고 생각한다. 스트레스를 피할 수는 없지만 그것을 극복하는 마음의 건강이 필요하다.

건강이란 다름 아닌 몸이 따뜻하고, 마음이 따뜻하고, 삶이 따뜻해야 하는 것이다. 몸이 따뜻하면 면역력이 높아지고 질병이나 상처가 나도 금방 회복된다. 미병에서 벗어나 자연 수명과 건강 수명을 일치시킬 수 있다. 마음이 따뜻하면 스트레스를 받더라도 이겨낼 수 있으며 누구에게 험담을 듣거나 정신적 충격을 받아도 금세 안정을 찾을 수 있다. 그리고 삶이 따뜻하면 좋은 인간관계를 맺으며, 활기차고 행복하게 지낼 수 있다.

몸이 따뜻하고 마음이 따뜻하고 삶이 따뜻하려면 어떻게 해야 할까? 따뜻함을 회복하기 위해 가장 중요한 것은 다름 아닌 매사 긍정적인 마음가짐이다. 그리고 긍정적인 마음가짐의 궁극적인 모습은 언제나 감사하기이다. 우리에게 주어진 삶에 대해 감사하고, 나 자신에 대해 감사하고, 가족에 대해 감사하고, 동료와 친구와 이웃에 대해 감사하는 마음을 가져야 한다. 결국 이것이 40년 의료 분야에 종사하며 깨달은 건강의 지름길이다. 건강은 우리가 만든 수백 개의 특허와 기술에 있지 않았다. 바로 우리 안에 있었다. 그저 하루하루를 항상 기뻐하며 웃으며 사는 것, 그리고 범사에 감사하는 것, 그것이 바로 건강의 지름길인 것이다.

"항상 기뻐하십시오. 쉬지 말고 기도하십시오. 범사에 감사하십시오. 이것이 여러분을 향한 하나님의 뜻입니다."(데살로니가전서 5 : 16~18)

Be joyful always, pray continually, give thanks in all circumstances.

건강은 곧 감사입니다.

SOLCO's mind
선택과 피택

20세기 산업사회에서 살아남으려면 '효율', 즉 생산성이 가장 중요한 가치였고, 요구되는 덕목은 근면과 성실이었다. 그러나 21세기에 살아남기 위해 가장 요구되는 것은 '창조', 즉 창의력이라고 한다. 그럼 창의력을 발휘하려면 과연 어떤 덕목을 갖추어야 할까?

창의력이 가장 왕성하게 발휘되는 것은 '놀이'를 할 때라고 한다. 아이들이 빗자루를 타고 하늘을 날아다니는 상상력이 곧 창의력이라고 한다. 놀이는 바로 '재미'이다. 재미없는 놀이란 있을 수 없다. 그래서 창의력이 요구되는 21세기의 가장 큰 덕목은 바로 '재미'라고 하겠다.
그렇다면 어떻게 구성원들이 재미있게 일할 수 있도록 '일터'를 '놀이터'로 만들 수 있을까?
어느 소설가가 집 앞에서 동네 꼬마 아이들이 시끄럽게 노는 통에 집중할 수가 없었다. 당신이 그 소설가라면 어떻게 대처하겠는가? 가장 먼저 떠오르는 해결책은 "여기서 놀지 마라" 하고 무섭게 소리 지르는 것이다. 하지만 아이들은 말을 듣지 않는다.
그러나 그 소설가는 오히려 아이들에게 "너희가 와서 떠들고 놀아주니 반갑고 기쁘구나" 하면서, 수고했으니 과자를 사 먹으라고 만 원을 주었다. 다음날은 5,000원을 주었고, 다시 그 다음날은 1,000원을 주었다. 며칠 후 "이제 내가 돈이 떨어졌으니 더 이상 돈을 줄 수는 없지만, 나를 위해

와서 재미있게 놀아다오"라고 사정하고 돌려보냈는데, 아이들은 "돈을 주지 않으면 더 이상 이곳에 와서 놀아줄 수 없어요" 하고 그 집 앞을 떠났다고 한다. 아이들은 처음에는 자기들의 놀이터로 이곳을 선택했으나 소설가의 돈을 받기 시작하면서 그 장소는 놀이 공간이 아닌 노동 공간이 되어버린 것이다.

인생은 어차피 선택의 연속이다. 내가 선택했느냐 아니면 선택되었는가는 엄청난 차이가 있다. 신문에서 구자균 LS산전 부회장이 과장으로 승진한 직원들에게 사장이라고 생각하고 일해달라고 당부한 기사를 보았다.
흔히 "오너처럼 일해라", "주도적이 되어라", "주인 의식을 가져라"라고 말한다. 그러나 이런 마인드는 스스로 선택하지 않으면 절대 안 된다. '재미'는 내가 선택했을 때 가능하지 누군가 시켜서 할 때는 '노동'일 뿐이다. '재미'는 누가 챙겨주는 것이 아니고 스스로 선택하는 것이다.
우리는 의식하고, 즉 생각하고 선택하는 과정을 거쳐 성취하는 단계를 하루에도 수도 없이 반복한다. 그러나 흔히 의식하지 않고 생각 없이 선택되어 과정으로 진입하는 삶을 살아가기도 한다. 그때의 과정은 그 삶의 무게가 무거울 수밖에 없고 또한 의미 없는 삶이 될 수밖에 없다.

인간의 의식 세계란 믿을 수 없을 만큼 놀라운 신의 선물이라고 생각한다. 인간은 스스로 생각하고 선택할 수 있다. 그리고 그것들을 수정하고 점검할 수 있는 특별한 의식 세계를 지녔다. 그렇기에 때론 인간과 같이 의식이 있는 영장류가 단 하나라는 사실이 다행이라는 생각도 든다.
인간의 의식은 바로 삶에 대한 목적과 생활방식을 만드는 데 중요한 역할을 한다. 누구나 특별한 재능을 가지고 태어나지만 삶에 대한 태도와 방식은 모두가 다 특별하지가 않다. 특별한 삶의 목적의식을 가지고 진지하고 성실하게 살아가는 사람이 있는가 하면 목적의식 없이 불성실하게 그냥 '살아가는 대로' 살아가는 사람도 있기 마련이다.

특별하고 행복한 삶을 사는가, 아니면 목적 없고 불행한 삶을 사는가 하는 것은 어떤 천부적 재능의 차이가 아니라 바로 자신이 스스로 생각하고 결정한 '선택'의 문제이다.

"왜 살고 있습니까?"라는 질문을 받았을 때 "행복하기 위해서"라고 답하는 사람이 많다.

철학의 영역에 머물던 행복이라는 개념을 과학의 영역으로 끌어들인 것은 심리학이다. 긍정 심리학자들은 행복을 '주관적 안녕well-being'이라는 용어로 개념화한다. 주관적 안녕은 정서적 측면(즐거움, 행복감 등의 긍정적 정서를 우울감, 슬픔 등의 부정적 정서보다 더 많이 경험하는가)과 인지적 측면(개인이 주관적으로 설정한 기준과 비교하여 삶의 전반적인 만족도를 어떻게 평가하는가)으로 파악된다.

긍정 심리학자들이 행복을 주관적 현상이라고 말하듯이, '선택'도 주관적 현상이라고 할 수 있다. 누가 시켜서 그냥 과정으로 가면 '피선택'된 것이요, 생각하고 스스로 의식하고 과정으로 가면 바로 내가 '선택'하는 것이다.

그렇다면 조직은 '일터'를 '놀이터'로 만들 수 있을까? 이에 대한 답은 부분적으로 'Yes'이다. 조직은 구성원들이 재미있게 일할 수 있는 조건을 만들 수 있다는 면에서는 'Yes'이다. 하지만 재미는 본질적으로 주관적인 것이기에, 조직이 재미있게 일할 수 있는 조건을 만든다고 해서 모든 구성원이 재미있게 느끼지는 않을 것이라는 점을 고려한다면 그 대답은 'No'이다. 그렇다면 조직이 모든 구성원을 재미있게 만들 수는 없을지라도 구성원들이 재미있게 일할 수 있는 환경을 조성할 수는 있다.

긍정 심리학의 창시자인 마틴 셀리그먼은 행복한 삶의 세 가지 조건을 제시한 바 있다. 첫째, 기쁨·감사·재미 등과 같은 긍정적 정서를 많이 경험하는 '즐거운 삶'을 살아야 한다는 것이다. 둘째, 자신이 갖고 있는 대표적인 강점signature strength을 발휘할 수 있는 일에 '몰입하는 삶'을 살아야 한다. 셋째, 자기 자신을 넘어서서 가족이나 직장 또는 사회를 위해 봉사하고 공헌하는 '의미 있는 삶'을 살아야 한다는 것이다.

나는 우리 조직의 구성원들이 자신들의 삶에 대한 최소한의 선택, 즉 재미와 몰입과 의미를 항상 의식하기를 바란다. 선택의 능력이야말로 우리 인간에게만 주어진 축복인 동시에 저주일 것이다.
풍요롭고 만족스러운 삶을 스스로 선택하겠는가? 아니면 다른 사람의 삶의 목적에 선택될 것인가? 항상 '스스로 선택하는 삶'은 저축이요, 투자요, 자기자본이지만, '피택의 삶'은 소비요, 낭비일 뿐이다.
재미있는 삶을 살 것인가, 무겁고 지루한 삶을 살 것인가는 바로 각자 선택해야 할 문제이다. 다만 우리 구성원들에게 재미있게 놀 수 있는 '놀이터'를 제공해보려는 노력이 나의 한계일 뿐이라는 것이 안타깝다.

4

과거를 통해
미래를 직시하다

그동안 앞만 보고 달려오다가 잠시 숨을 고르며 과거로 돌아가 보니,

그때는 몰랐던 것을 이제야 깨닫게 된 것도 많다.

마치 재미있게 본 영화를 한참 후 다시 보면

처음에 볼 때는 모르고 지나쳤던 장면을 새삼 발견하듯이,

나도 과거의 사건 속에서 새삼스레 발견했던 장면들이 떠올랐다.

그러면서 내 자신을 한 번 정리할 수 있는 시간이 되었다.

사회적으로 복고 열풍이 다시금 불고 있다. 영화나 드라마뿐만 아니라 기업의 제품에도 추억의 감성을 담고자 노력하고 있다. 아마도 불경기 속에 지난날의 아름다움과 기쁨을 다시 떠올려보고 싶은 것이 자연스러운 심정일 것이다.

　단순히 감정적인 영향을 떠나 칠십 평생을 살아오면서 지난 과거를 헛되이 생각한 적은 한 번도 없었다. 실패는 실패 나름대로, 성공은 성공 나름대로 켜켜이 쌓이고 쌓여 지금의 나와 회사 솔고를 만든 시간이 되었다.

　내 인생 처음으로 책을 쓰면서 그동안 책상 서랍 속에 묵혀 두었던 지난날의 일기며, 칼럼이며, 또 친지와 지인에게 보냈던 연하장을 모두 꺼내 들춰보는 계기가 되었다. 앞서 언급했듯이, 회사 설립 20주년이 되던 1994년 6월, 교통사고를 당해 죽음의 문턱까지 다녀온 이후 '덤'으로 인생을 살게 되며 매년 지인들에게 의례적인 연하장이 아닌 안부 편지를 보냈다. 그 편지들을 다시 읽어보니 숨 가쁘게 달려온 지난 18년의 세월이 주마등처럼 지나갔다. 1990년대를 거쳐 2000년을 맞이하고, 다시 2010년대를 보내며 달려온 시간. 덤으로 받은 세월 치고는 너무나 많은 일이 있었고, 돌아보니 모두 감사할 따름이다.

이 지면을 통해 독자 여러분에게도 지난 세월을 잠시나마 되돌아보는 여유를 드리고자 부족하지만 나의 편지글 일부를 발췌해보았다. 연하장을 쓸 당시에는 우리 회사 임직원뿐만 아니라 주주, 지인 등 많은 이에게 조금이라도 보탬이 되었으면 하는 마음에서, 그리고 이 글이 위안이 되었으면 하는 진정성을 가지고 작성했다. 역사는 반복되는 법, 모쪼록 지난 과거를 통해 우리 모두 다가올 미래를 똑바로 바라보고 힘차게 전진할 수 있는 계기가 되었으면 하는 바람이다.

1995년, 갑술년을 보내고 을해년을 맞이하면서

죽음과 겸손에 대하여

누구나 매년 한 해를 보내면서 다사다난多事多難한 한 해였다고 회고하곤 합니다만, 갑술년은 우리 솔고산업사나 우리 사회가 모두 다사다난한 한 해가 아니었던가 생각합니다. 하늘·바다·땅에서 떨어지고, 빠지고, 터지고, 무너지고, 또한 도둑질하고 죽이는 대형 참사가 연속된 갑술년, 정신없이 달려온 우리 사회가 그 과정에서 형성된 편법과 허세, 그리고 전도된 가치관, 이러한 것들이 재정립되어가는 과정 속에서 나온 당연한 결과가 아닌가 합니다. 어쨌든 개(?) 같은 개해가 아니었던가 합니다. 그 개해가 저에게도 여러 가지 개(?) 같은 일들을 주고 간 것입니다.

(중략)

항상 모자라는 '나'를 보완해보고 싶고, 뭔가 허전한 마음을 달래보고자 작년 2월에 서울대학교 공과대학 '최고 산업 전략 과정'에 등록했습니다.

드디어 6월 18일 졸업식 날 집에서 아내와 함께 학교로 출발하다 송탄을 막 벗어나 오산으로 가던 국도에서 옆 차선의 '승합차'가 내 차 앞으로 뛰어들었던 순간, 그다음은 제가 병원에 드러누워 있었습니다. 사고 순간부터 제가 깨어났을 때는 40여 시간이 경과한 후였고, 그동안에 수술은 이미 다 끝나고 통증도 어느 정도 사라진 다음이었기 때문에 크게 고통을 받지는 않았습니다. 다만, 저승 문턱까지 다녀온 이틀

동안 전혀 '공호'의 기억이 이상스럽습니다. 저승사자를 만났다든가 '혼'이 활동했던 기억이 있을 법도 한데.

부상은 여러 군데였지만, 중요한 곳(척추나 뇌)을 피한 것은 천만다행이었습니다. 두 무릎뼈Patella에 금이 가고, 오른쪽 다리 복숭아뼈가 깨지고, 우측의 종아리뼈Fibula가 세 동강 나고, 갈비뼈가 부러지고, 오른쪽 손목뼈Radius 끝 부분이 갈라지고, 턱뼈에 금이 가고, 위아래 치아를 고정시킨 상태였습니다.

사고의 순간 저는 행복했던 것 같으나(무의식의 세계는 백팔번뇌가 틈입할 자리가 없으니까?) 정작 아내에겐 극한의 순간이었던 것 같습니다.

뛰어드는 차를 보고 핸들을 옆으로 꺾어 중앙선을 약간 넘어 반대편에서 달려오던(시속 100킬로미터) 차의 정면 옆을 들이받는 순간, 시간이 정지하고 아무런 소리도 들리지 않는 적막 속에서 앞 차창이 연쇄반응을 일으키는 것처럼 쫙쫙 갈라져 나가는 것을 바라다보면서 아내는 하나님을 찾은 것입니다. 아내는 정신을 겨우 차려 옆을 보니 운전대에 얼굴을 파묻고 있는 남편이 눈에 들어왔고, 남편은 귀·코·입으로 온통 피를 콸콸 흘리고 있었다고 합니다. 남편을 잃었다는, 아니 잃을지도 모른다는 충격과 절망과 두려움 속에서 남편을 위해 무언가 해야겠다고 생각했다고 합니다. 그러나 정신은 가물거리고 몸은 움직이지 않는 상태에서 억지로 손을 뻗어 남편이 숨을 쉴 수 있도록 간신히 고개를 옆으로 돌려놓을 수 있었다고 그때의 상황을 저에게 들려주었습니다. 그 순간이 저에게는 생과 사의 갈림길이었는지도 모르겠습니다. 구급차들이 도착하여 저를 차에서 끌어내려 했으나 차가 찌부러져 꺼낼 수가 없어 레커차가 앞뒤로 잡아당겨 차를 펴가지고 간신히 끌어냈다고 합니다. 아내는 어떤 골절상도 없이 깨끗한 상태였지만, 그때 입은 충격과 타박상 등의 후유증이 오래가는 것 같습니다.

(중략)

나쁜 일은 연속성이 있다고 했던가요?

7월 7일 공장 교육관에 공사 중 부주의로 불이 나서 3,000만여 원 손해를 보고, 7월 19일 회사 퇴근 차량 중 15인승 승합차가 논으로 굴러 두 명이 중상을 입고 여섯 명이 경상을 입는 사고가 또 발생했습니다. 또한 11월 25일에는 거래처 중 부도를 낸 업체가 생겨서 7억 8,000만 원의 손해를 보았고, 11월 29일에는 직원 중 한 명이 오른쪽 두 번째 손가락 중간 마디가 절단되는 사고를 당했고, 12월 25일에는 또 교통사고가 발생하여 한 명 중상, 두 명이 경상을 입는 사고를 당했습니다.

이러한 상황이 저에게 무슨 의미를 주는 것일까요?

하나님께서 또는 절대자가 저에게 무슨 신호를 보내는 것인가요?

그러면 그 신호가 의미하는 것은 무엇인가요?

(중략)

또한 저 자신의 어떤 문제점이 이러한 어려운 일들을 불러들일까 생각해봤습니다.

첫째, 지나친 자만심이 문제를 야기한 것이 아닌가? 20여 년 동안 운전하면서 싹튼 자만심, 이러한 되지못한 여러 가지 자만 의식이 마음속에 자리 잡혀 겸손할 줄 모르는 인간이 되어버린 것이라고, 좀 더 겸손하고 겸허하게 언제나 두려움을 가지고 살아야 한다고 생각하면서도 막상 하루하루를 돌아보면 그렇지 못한 점을 항상 반성하고 있습니다.

둘째, 지금까지 많은 지인이 저에게 운전기사를 두라고, 승용차를 큰 차로 바꿔 타라고 충고해왔습니다. 그럴 때마다 "그래야죠" 하면서도 마음속으로 승복하지 못해왔습니다. 왜냐하면 제 생활수준을 우리 직원들의 수준에 가깝게 끌어내려야 한다고 생각해왔기 때문입니다. 그러하기에 집에서도 마누라에게 욕먹는 남편, 자식들에게 인기 없고 고리타분한 아버지가 아니었던가 합니다. 이제 제 직위에 맞는 생활수준, 품위 유지 등을 생각해봅니다만, 한편으로 아전인수 격인 발상이 아닌가 하여 참 어렵습니다.

인생을 살다 보면 어떤 획劃, 다시 말해 전환기轉換期가 있는 것 같습니다. 장이 있고, 절이 있고, 항이 있다면, 갑술년은 제 인생의 또 하나의 장이었던 것 같습니다. 앞에 낭떠러지가 있는데도 모르고 무섭게 질주만 하는 저를 보다 못해 하나님께서 저 대신 브레이크를 밟아주신 것인지도 모르겠습니다.

(중략)

돼지띠를 맞이하여 저의 개해의 개(?) 같은 넋두리를 읽는 여러분께 건강과 복이 가득하시길 빕니다. 내년에는 돼지 같은 넋두리가 이어지도록 열심히 살아가겠습니다.

그러나 건강이 최고의 자산임을 다시 느끼면서 부디 건강하십시오.

1995년 2월 3일
김서곤 올림

1996년, 을해년을 보내고 병자년을 맞이하면서

관행과 투명성에 대하여

'쨍하고 해 뜰 날'

큰 돼지의 꿈을 그리면서 맞이했던 을해년을 보내고 나니, 언제나 그러하듯이 미련과 후회와 회한만 남는 한 해가 되고 말았습니다. 해방 이후 기득권층의 버팀목이었던 부정과 부패, 그리고 카멜레온과 같은 색깔 바꾸기가 사라지고, 이제부터는 투명성과 도덕성, 그리고 소신이 우리 사회의 버팀목이 된다면 얼마나 좋을까요. 그러나 관행이라는 말로 버릇 들여온 비리와 기회주의가 우리 사회 발전에 기여해온 '순기능'적 측면을 메워줄 새로운 가치관이 확립되기 전의 오늘의 공백이 저를 헷갈리게 하고 불안하게 합니다.

저 개인으로는 작년 2월 27일 서울대학 경영대학원 AMP 과정을 수료한 이외엔 1년을 무위도식하고 넘긴 것 같습니다. 재작년 교통사고의 후유증은 거의 없다 하겠으나 아직 운동을 하거나 여행을 하기에는 무리인 것 같습니다.

(중략)

언젠가 저와 친한 분이 우리 공장에 다녀가면서 저에게 "김 사장, 망하려고 환장했구먼?"이라고 농담을 던져서 "원래 멍청한 사람이 제조업 하는 놈 아닙니까?"라고 대답한 것 같습니다.

역시 작년에도 멍청하게 시설 및 새로운 사업에 15억여 원을 투자하여 마누라로부터 간이 붓다 못해 삐져나온 남편이라는 말을 듣곤 합니다. 새로운 사업이란 정수기 제조와 티타늄Titanium 주조 사업으로, 이미 판매되고 있는 정수기들의 불합리성(저의 의견) 때문에 나름대로 사명감을 가지고 시작했습니다. 티타늄 주조는 누군가 우리나라 중소기업이 참여하지 않으면 안 될 첨단산업의 하나로서 어차피 생체용 금속으로 우리 솔고가 필요한 분야로 판단하여 작년 독일에서 주조 시설을 도입, 시험 가동 중에 있습니다.

'역사와의 대화', '역사 바로 세우기'

저 같은 장사꾼이야 거창하게 역사를 들먹일 수도 없고 그렇다고 줏대 없이 살아갈 수도 없으니, 그래도 '○○과의 대화', '○○ 바로 세우기' 등 나름대로 흉내는 내봄 직합니다. 오늘날 저와 같은 중소기업인 가운데 위기의식을 갖지 않는 사람은 없습니다. 이제 곧 21세기를 바로 눈앞에 두고 있고, 작년 우리 국민소득은 만 불을 넘어서는 등 급변하는 국내외 상황 속에서, 눈 깜박하면 낙오하여 나락으로 떨어질 수밖에 없는 위기입니다. 그러나 위기 속에는 기회가 있다고 했으니 그 기회에 저를 다 던져 매달릴 수밖에요.

'21세기와의 대화'

이제 저희 솔고가 판매, 그리고 제조에서 다음 세기와 대화하지 않으면 안 되는 절체절명의 순간이라 생각합니다. 또한 국민소득 만 달러 시대에 맞는 만 불 시대의 경영, 그것은 곧 우리 사회·문화·정치 등 모든 분야가 양의 시대에서 질의 시대로 접어든다고 생각합니다.

'질 바로 세우기'

나의 질, 우리 직원의 질, 우리 회사의 질, 그리고 우리 제품의 질을 높이기 위해 금년도 경영 방침을 '투명성 확보의 해'로 정하고 시스템의 체질화, 애사심 고취, 그리고 배움의 생활화에 총력을 기울여 회사를 이끌어보려고 합니다.

이제 84세가 되시는 어머님은 건강하신 편입니다만, 자꾸 기억력이 쇠퇴해 엉뚱한 말씀을 가끔 하시곤 합니다. 이런 것이 다 자식이 자상한 말동무가 되어드리지 못하고 외롭게 해드린 불효 때문이라는 것을 알면서도 역시 불효자일 수밖에 없는 제가 한심스럽습니다.

(중략)

그동안 저를 이끌어주시고 도와주시고 충고해주시고 관심 가져주신 모든 분께 진심으로 감사드립니다. 혹시라도 심려를 드렸거나 서운함이 있었다면 저의 모자람을 꾸짖어주시옵고 너그러운 마음으로 혜량해주시길 빌겠습니다.

금년 병자년에는 더욱더 큰 성취를 이루시옵고 댁내 모두 평안하시며 부디 건강하시옵길 빌면서 또한 금년은 꼭 '쨍하고 해 뜰 날'이 되도록 고사告祀드리겠습니다.

1996년 1월 16일
김서곤 올림

1997년, 병자년을 보내고 정축년을 맞이하면서
정직과 역동성에 대하여

'역사 바로 세우기'에서 건배 구호로 '세우자' 해서 그녀들이 좋아하고, 명예퇴직 등으로 '고개 숙인 남자', 드라마 〈애인〉이 몰고 온 신드롬이 가뜩이나 남자들의 기를 꺾어 '꺼진 불도 다시 보자'는 남자들 사이의 풀 죽은 속삭임, 올림픽 때 레슬링 해설 위원이 자주 사용했던 '빠떼루', 우리 사회에 '빠떼루 줘야' 할 사람이 너무 많으니 비리 사건이 터질 때마다 그 말이 주가를 더합니다.

'사과 상자' 하나라도 선물 받아보았으면 하는 서민들에게 전직 대통령의 비자금을 빗댄 '고속도로 사과 상자'는 너무 어이없고, '백배 천배 보복'당해야 할 사람들은 우리 주위에 부지기수로 널려 있으며, 또한 떼버려도 떼버려도 '만득이'를 쫓아오는 귀신과도 같은 우리 사회의 구태와 부정·비리, '막가파', '아가야', 어둠 속에서 우리 사회 거물들이 조용히 움직여 결의한 노동법 등, 그리고 파업, 병자년이 저물어가는 마지막에 우리 마음을 스산하게 합니다.

나이 들수록 세월이 빨라진다더니 정말 그 숱한 유행의 말, 말들과 함께 '병자년'이 어둠 속으로 빨려들고 말았습니다. '시간은 정지돼 있고 인생이 흐른다' 했던가? 걸어온 길보다 가야 할 길이 훨씬 짧은 제 인생의 역정, 삭풍의 잿빛 공간 속으로 홀로 외롭게 걸어 들어가고 있는 제 모습이 보이는 듯합니다. 타는 목마름으로 열심히, 진지하게, 처절하게 인생에 부딪쳐 살아보고 싶었지만, 또 한 해가 지나면서 시간은 적어지고 이루어서 채워야 할 공백은 갈수록 커져가니, 나이 들어가며 여유를 가지고 느긋해지는 것이 아니라 점점 조급해지고 초조해져 가는 '나'를 한심스러워할 따름입니다. 이제 진정 준비의 시간이어라!

(중략)

1996년에도 공장 기계 시설 분야에 13억여 원 신규 투자를 했습니다. 항상 투자해서 덩치가 커지는 만큼 빚도 늘어가고 있으니 한편으로 마누라에게 눈총 맞고 마누라 앞에서는 슬슬 꼬리 내리는 강아지 꼴이 되어가고 있습니다. 지난 한 해도 가정용 온열 전위 치료기 솔라이온의 고객 만족도가 좋아서 솔고를 키우는 효자 상품 역할을 해주었습니다.

모두들 고비용 저효율이라는 진단을 이구동성으로 내리고 있지만, 그 처방은 이구이성이니 우리의 앞날이 정말 걱정스럽습니다. 고비용 저효율에다 금융 개방 등 개방화, 북한 문제까지 겹치고 있으니, 21세기를 향한 우리 모두의 우려가 심각하다 하겠습니다. 그럼에도 우리 민족의 '역동성'에 희망을 걸고 있지만, 때때로 그 '다이내믹'성이 과소비, 방법을 가리지 않는 치부욕, 과격한 시위, 그리고 격렬한 파업 등 부정적 측면을 경제 발전 단계로 호도하고 있으니 더욱 걱정스럽습니다.

21세기를 향한 우리 민족의 문제(당장 북한 탈출 동포 문제, 통일을 위해 감내해야 할 고통, 경쟁력 회복, 눈덩이처럼 불어나는 외채 등)를 솔직히 인정하고 우리 모두가 다 함께 나누어야 할 고통과 인내와 절제와 희생을 호소하고 미래의 비전을 제시하는 지도자는 보이지 않고, 장밋빛 뜬구름만 잡고 현실 모면의 당근만 내보이는 후보자들뿐이니 금년 선거가 더욱 걱정스럽습니다.

그러나 한숨과 체념만 할 수 없으니 "그래도 희망을 갖자! 우리 민초들의 근성과 기업인들의 기업가 정신을 믿고"라고 말한다면 제가 너무 건방진 것인가요?

(중략)

이제 85세가 되신 어머님은 갈수록 정신이 쇠약해지고 계시지만, 안양으로 이사해서 아는 분들이 가끔 찾아와 주시어 조금은 위로가 되고 있습니다. 저나 집사람, 그리고 손자들이 함께해드리는 시간이 거의 없으니 역시 불효막심할 수밖에 없습니다.

(중략)

항상 저와 저희 솔고를 기억해주시고 염려해주시며 도움 주시는 모든 분에게 진심으로 감사드리오며 기대에 부응하지 못하고 때로는 폐를 끼치는 것을 부디 너그러이 용서하시길 부탁드리며 귀하와 귀댁, 그리고 모두에게 하나님의 가호가 함께하시길 항상 기도드리겠습니다.

그래도 희망을 가집시다.

감사합니다.

1997년 1월 5일
김서곤 올림

1998년, 정축년을 보내고 무인년을 맞이하면서

IMF와 교만에 대하여

'오호통재라! 정축년이여', 'T丑 국치의 한 해를 보내고 새해를 맞이하면서', '악몽惡夢의 한 해를 보내고', '잊고 싶은 한 해를 보내고', '부끄러운 한 해를 보내고', '무너진 한 해를 보내고', '허탈의 한 해를 보내고', '회한의 한 해를 보내고', '땅을 치고 가슴 치며 통곡하고 싶은 한 해를 보내고'……

어떻게 표현해야 오늘의 상황을 정확히 표현할 수 있을는지 떠오르는 제목들을 생각해봅니다만, 어떤 것도 딱 맞아떨어지는 것 같지 않습니다. 지난 정축년의 기억이 너무 아린 탓일까? 새해인데도 '다음'이 안 보여 매년 드리는 새해 인사문을 미처 정리하지 못하고 차일피일 연초를 보냈습니다. 그러나 저 자신을 추스르고 마음을 바로 세워야 하겠기에, 이제 새해의 첫 화두話頭는 IMF 구제금융에 대한 반성과 이 위기의 극복 방법이겠습니다.

우리가 IMF의 구제금융을 받을 수밖에 없는 많은 반성과 평가가 나와 있고, IMF의 사태에 대한 긍정적인 면과 부정적인 면의 문제점도 다 평가되고 있다 하겠습니다. 그러나 오늘의 상황은 우리 국민의 '교만'이 그 근본 원인이라 저는 말하고 싶습니다. 지난 문민정부의 개혁 정책들이 실종된 것도 국정 최고 책임자의 '교만'에서 비롯됐고, 지금 국가 부도 직전의 사태도 '우리 국민들의 위에서부터 아래까지의 교만', '정치 지도자의 교만', '기업인의 교만'이 불러온 결과라고 저는 생각합니다.

이제 IMF 극복을 위해서 많은 처방이 나왔습니다. '허리띠를 졸라매자', '고비용·저효율의 구조 개선', '외화벌이 = 수출' 등……. 그러나 진정으로 개혁되어야 할 것은 우리들의 '의식구조'라고 생각합니다. 의식구조의 개선 없이는 어떠한 처방도 임시방편일 수밖에 없으며, 의식구조의 개혁 없이는 세계 속에서 우리 한국의 위상은 없을 것입니다. 그런 의미에서 오늘날 우리 사회의 지도자들, 그리고 신문이나 방송 매체의 역할이 우리 장래를 결정짓는 열쇠라고 저는 생각합니다. 다시 말하면 우리 사회 각 분야의 지도자들, 특히 정치, 경제, 종교, 언론, 그리고 공직자 등 각 분야 기득권층의 의식 개혁이 있어야 하고, 그 개혁을 바탕으로 한 언론 매체의 확고한 국민 의식 개혁 교육 프로그램이 있어야 우리의 앞날이 있다고 하겠습니다. 지금 우리 모두의 공감대를 하나의 힘으로 묶어 흩뜨리지 않는 리더십이 가장 필요한 때이기도 합니다.

(중략)

지난 한 해 동안 몇 가지 의사 결정을 한 것을 돌아보면서 점점 더 어려움을 느낍니다. 또한 공인으로서 갖추어야 할 저 자신의 자세에 대해서 항상 반성해봅니다만, IMF 시대에 더욱 철저해져야겠다고 생각합니다. 항상 겸허하고 겸손한 사람이 되려고 노력합니다. 단지 표정 관리가 아닌 저 자신의 내면의 겸손에 대해 항상 생각해보고 있습니다.

㈜솔고는 지난해 3월 21일부터 1개월여간 지방 국세청으로부터 세무조사를 받으면서 정말 힘들었습니다. 또한 4월에 의공학 연구소를 설

립하고 외자 차입 백만 불로 6월부터 의공학 연구소 건물을 짓기 시작하여 10월에 완공했습니다. 이자가 저리라고 외화 차입한 것이 이젠 환차손으로 인해 손해를 볼 것 같습니다. 정말 세상만사 새옹지마라는 것을 실감합니다.

그러나 작년에 국가에서 ㈜솔고를 인정해주는 수상을 몇 가지 했습니다. 9월 27일에 21세기 품질경쟁력 우수 100대 기업으로 선정되었고, 12월 1일 무역의 날에 대통령 산업포장을 수상했으며, 12월 23일에는 97 노사협력 우량기업으로 선정되었습니다. 현대를 PR 시대라 하여 항상 자기 PR를 잘해야 한다고들 합니다. 그러나 저는 직원들에게 항상 "우리를 대외에 알리는 것은 우리의 현 위상의 70~90퍼센트 정도 알려지도록 해라. 100퍼센트 이상으로 알려지는 것은 곧 위험 신호다"라고 말하곤 합니다. 하지만 현재 우리 솔고의 위치가 어디인지 정확히 측정하는 것이 어려워 항상 고민스럽습니다.

(중략)

모든 사물이 명암을 가지고 있는 것. IMF도 역시 어두운 쪽과 밝은 쪽이 있습니다. 그런데도 우리 모두 어두운 쪽에만 너무 기울어진 것 같습니다. IMF와 ㈜솔고의 긍정적인 면을 살펴보면 우선 수출경쟁력이 월등히 좋아졌고, 국내에서의 점유율도 훨씬 높아질 수 있으리라 생각합니다. 왜냐하면 지금까지 저희 경쟁 대상은 수입품이었고, 또한 가장 보수적인 고객(의사)들의 인식이 많이 달라질 것으로 기대되기 때문입니다.

(중략)

이제 86세가 되신 어머님은 점점 더 정신이 쇠락해지고, 그런 어머님께 대응하는 것이 숙달치 못하여 때때로 불효하고, 또한 마음 상하곤 합니다.

(중략)

하나님은 우리에게 구원은 거저 주시지만 축복은 대가를 요구하신다고 합니다. 피와 땀과 고난과 눈물을 축복의 대가로 우리에게 치르게 하십니다.

IMF가 우리에게 모라토리엄을 막을 구제를 주었지만, IMF의 상황을 극복하기 위해서는 우리 모두에게 엄청난 고통과 땀과 눈물을 지불할 것을 요구합니다. 이런 고난의 극복이 곧 우리에게 주는 하나님의 축복이라 생각합니다.

호랑이의 기상으로 금년을 극복하고 내년 웃음으로 서로 맞기를 기원합니다. 주님 안에서나 주님 밖에서나 모두 주님의 가호가 함께하기를 빌면서…….

우리 다시 한번 해냅시다.

감사합니다.

1998년 1월 7일
김서곤 올림

천 년의 마지막 1999년을 맞으며

개혁과 아픔에 대하여

천 년의 마지막, 그리고 새 천 년을 맞는 1999년!

한 세기의 전환점에 서 있다는 것도 벅찬 일인데 한 세기Century와 천 년Millennium의 변환점에서 세상을 바라보고 역사를 주시할 수 있다는 것, 이 순간에 제가 이 자리에 존재한다는 사실, 이런 사실들을 진심으로 감사드립니다.

칠흑 같은 무인년, 모두들 지푸라기 하나라도 잡으려고 발버둥 친 한 해. 많은 기업이 쓰러지고, 구조조정과 정리 해고로 '명퇴', '황퇴', '동퇴', '노가리퇴' 등 모두에게 '삶의 무게'가 너무나 무거운 한 해였던 것 같습니다.

IMF를 불러들이고도 딴소리만 늘어놓은 사람들, 퇴출 제1호들이 누구여야 하는 것은 국민들이 다 아는데 뻔뻔스럽게 개혁을 외쳐대는 사람들, 모두가 뼈를 깎는 아픔을 겪고 있는데 털도 깎으려고 하지 않는 사람들, 양심의 소리에 귀를 막고 진실을 외면하고 엉뚱한 궤변으로 자기 합리화하는 사람들, 이들이 진실로 '왕따' 되어야 할 '사오정'들이 아닌가 합니다.

21세기를 향해 너와 나, 우리 모두가 뭉치고 모두가 한 방향으로 온 힘을 다해도 될까 말까 하는 판에 오직 '몽니'나 부리는 정치, 아니 뭔가 좀 될 성싶으면 똘똘 뭉쳐 뒷다리 잡기에 능한 정치, 이러한 현실이 우리를 슬프게 하고 답답하게 합니다.

지난 1년 동안 워낙 다급한 상황이라 우선 금융, 기업 부분부터 구조 개혁의 칼을 들이댔겠지만, 두 가지의 개혁 없이는 어떤 개혁도 성공하지 못하리라 저는 단언하고 싶습니다. 첫째로, 우리나라를 이끌어가는 파워엘리트의 집단이라 할 수 있는 정치권과 정부 부처의 철저한 개혁 없이는 개혁이 성공할 수 없으리라 생각합니다. 둘째로, 아무리 제도 개혁이다 구조 개선이다 빅딜이다 요란하지만, '의식 개혁' 없는 어떠한 개혁도 실패하리라 생각합니다.

개인으로나 회사로나 국가로나 세기의 마지막 해, 천 년의 마지막 해를 맞아 새로운 21세기를 맞을 준비와 새로운 천 년을 맞이하려는 오늘, 우리 모두가 경건한 자세로, 사심 없는 마음으로, 두 눈을 부릅뜨고 역사를 응시해야 되겠습니다.

IMF가 'I am fired'건 'I am finished'건 아니면 'I am fine'이건 '우리 이대로!'건 꼭 한번 '새옹지마塞翁之馬'를 되새겨보시면 어떨까요?

(중략)

60대가 되면 화제에 공통점이 생긴다고 하더니 저에게도 이제 60이 오고 있는지 지난 12월에 저보다 아래인 '지인' 한 분이 암으로 유명을 달리했고, 또 제가 항상 아까워하는 정치인 한 분이 암으로 마지막 투병을 하고 있다는 소식을 들었습니다.

나에게 만약 시한부 상황이 온다면(물론 인생은 누구나 시한부이긴 하지만) 무엇이 가장 후회스럽고 아쉬울까? 사랑하는 사람에게, 자식들에게, 부모님께, 친척·친구들에게, 직원들에게 등등 많은 후회가 몰려오겠지만, 그런 후회의 근저에는 좀 더 시간을 효과적으로 써오지 못한 지난날이 가장 후회스러울 것이라 생각해봅니다. 하루를 열흘로 사는 삶, 그러나 휘둘리는 삶이 아니라 주도하는 삶을 살 수 있다면!

1999년은 좀 더 많은 업무를 위임하고, 직원들에게 임파워먼트 Empowerment시키는 능력을 키우는 훈련을 스스로에게 혹독하게 하는 해가 되어야겠습니다.

(중략)

또한 지난해 여러 가지 신제품·신기술이 연구·개발되었지만, 그중 가장 뛰어났던 것은 전자파가 발생하지 않는 면상발열체의 개발이었습니다. 지금까지 전기를 이용해 열을 발생시킬 때 전자파나 전기장의 문제를 해결할 수 있는 방법은 세계적으로 없었습니다. 저희 ㈜솔고가 그것을 지난해 해냈습니다. 전자파나 전기장의 피해로부터 안전한 면상발열체, 곧 꿈의 발열체라 하겠습니다. 이 면상발열체가 우리 ㈜솔고의 도약의 큰 역할을 하리라고 확신합니다.

(중략)

삶의 무게가 무거운 만큼 우리 내면은 더욱 무게를 더해가고, 삶의 아픔이 아프면 아플수록 우리 내면은 더욱더 깊어지리라 생각합니다. 밤이 깊으면 새벽이 가깝다고 합니다. 우리 모두 수선 떨지 말고 조용히 깨어나서 21세기를 맞을 준비를 합시다. 토끼처럼 깡충깡충 뛰어서 새로운 천 년 속으로 우리 모두 가볍게 진입하기를 소원합니다.

주님의 가장 큰 축복은 건강이라 생각합니다.

항상 주님의 축복이 함께하시길 빌면서…….

우리 서둘지 말고 조용히 깨어납시다.

감사합니다.

1999년 1월 5일

김서곤 올림

2000년, 새 천 년 경진년을 맞으며

뉴 밀레니엄에 대하여

한 해의 마지막을 지나 이제 경진년!

한 세기를 마감하고 이제 21세기!

한 천 년을 지나 이제 새 천 년!

천 년과 천 년을 뛰어넘는 이 순간에 살아 있는 기쁨을 진심으로 감사하며 기도드립니다. 지난 격동의 20세기를 역사 속으로 보내며 세기말 끝자락에서 시련과 고뇌와 회한을 되새겨보면서 털 것들은 훌훌 털고 희망의 21세기를 맞도록 하여주시옵소서. 항상 떳떳하게 산다면서도 부끄럽고 치졸했던 저를 용서하여주시옵소서.

온유하고, 은유하고, 유연하고, 내면으로부터의 겸손한 삶을 원하면서도, 오만함으로 죄를 짓고도 참회하지 않았음을 용서하시옵소서. 바쁜 것을 핑계 삼아 가족과 가까운 이웃들에게 소홀하고, 가까운 이들에게 이기적이고 무관심하며, 겉도는 말치레로 적당히 지나치고, 극단적인 말로 동료와 직원들의 가슴에 비수를 꽂아 깊은 상처를 주고도, 용서를 청하지도 않는 무례함과 뻔뻔함을 용서해주시옵소서.

윗분들에게 존경이 부족했고, 젊은이들에 대한 이해가 부족했으며, 소외되고 병약한 이들에 대한 연민과 배려가 부족했음을 용서해주시옵소서.

고집과 열등감, 오만함으로 마음의 문을 닫아 충고를 받아들이지 못하고, 남에게 부담만 주었던 저를 용서해주시옵소서. 저 자신은 책임과 열정을 다하지 못하고, 성급한 판단으로 일을 그르치곤 하면서, 다른 사람들의 실수에 관대하지 못함을 용서하여주시옵소서. 항상 신뢰와 믿음으로 대하자고 하면서 의심과 불신으로 살아왔음을 용서하시옵소서. 저에게 다가온 소중한 축복을 축복으로 헤아리기보다는 습관적으로 푸념하며, 비난·불평·원망으로 꼬인 저를 용서하시옵소서.

이제 새 천 년에!

잘못하고도 뉘우칠 줄 모르는 자가 아니 되도록, 용서를 빌기보다는 비겁한 변명에만 급급한 자가 아니 되도록, 저를 항상 흔들어주시옵고 일깨워주시옵소서. 항상 넉넉하고 겸손한 마음으로 살게 하시고, 뺨을 스치는 바람결에도 감사할 줄 알게 하소서. 육신의 건강에만이 아니고 영적인 삶에 대한 갈증을 갖도록 하여주시옵고, 그 목마름을 채워주시옵소서!

1999년 '기묘년'은 정말 '기묘'한 한 해였던 것 같습니다. 바람(총풍, 세풍)으로 시작해서 ×× 문건, ×× 파일, ×× 리스트 등, 참으로 바람 잘 날 없었던 한 해였습니다. 세계의 모든 지도자가 새 천 년을 걱정하고 대비하고 새로운 국가 전략을 짜고 있는데, 우리 정치권은 앞날이 아닌 지난날에만 매달려 한 해를 보내는 것이 '기묘'하고, 개혁이다 뭐다 중요한 일이 산적한데 옷 로비다 뭐다 쓰잘머리 없는 것에 온 언론과 국민들이 놀아나고 있는 것도 '기묘'하고, 서쪽 바다에서는 전시 상황이 벌어지고 있는데 동쪽 바다에서는 관광선이 금강산을 향하는 것도 '기묘'하고, IMF가 온 원인이 전혀 치유(개혁성의 문제)된 것이 없는데 IMF는 끝났다는 것도 '기묘'하고, 전혀 떠들어델 자격이 없는 사람 같은데 오히려 떠들어대는 것도 '기묘'하고, 우리 사회 기득권 세력의 천박성에도 불구하고 세계는 우리를 인정해주니 '기묘'하고, 술 취한 세상 같은데 그럭저럭 굴러가는 세상 역시 '기묘'하고, 《타임》지가 선정한 1999년의 인물에 피카츄가 선정된 것도 '기묘'하고, '기묘'년이 '기묘'하다는데 '기묘'하지 않으면 그만이고……. '기묘'하고 '요상'한 것이 상식인 우리 사회 '당근' 곧 '말밥'인지도 모르겠습니다.

(중략)

남양만 활빈교회 입구에 가면 가장 먼저 눈에 들어오는 팻말이 있습니다.

"사람아, 너는 흙이니 흙으로 돌아갈 때를 생각하라."

작년에 가장 저의 가슴에 와 닿는 말씀이었습니다. 제 인생에 가장 영향을 많이 주었고, 저에겐 부모였고, 스승이었고, 동료였고, 친구였고, 동업자였던 처숙부님(휘자는 金 泰 자 中 자)이 계셨는데, 그분께서 10월 26일 등산을 가셨다가 산에서 타계하신 것입니다. 그 충격, 허망함, 비통함……. 그러나 저는 그대로 잘 살아가고 있으니 망인에 대한 미안함과 인간의 이기심이 바로 이런 것이 아닌가 생각해봅니다.

지난 연말에 국민연금관리공단으로부터 한 통의 서신을 받았는데, 특례노령연금 안내였습니다. 참으로 기분이 묘하데요. 이제 진정 흙으로 돌아갈 때를 생각하는 삶을 살아야겠습니다.

(중략)

이제 88세가 되신 어머님은 육신의 건강도 차츰 쇠약해지고 있는 것이 두드러지게 보이고, 어머님의 영에 대해 저희 부부는 오직 주님께 기도로 의지할 수밖에 없습니다.

(중략)

이제 부의 원천인 자원은 땅속에 있는 것이 아니고 사이버 스페이스에 있다고 합니다. 바로 우리의 가슴과 머리라고 합니다.

용의 해 경진년!

꿈 중에 최고의 꿈은 '용꿈'이라는데 '용'은 바로 우리의 상상 속에 있는 것! 용이 갈구하는 궁극의 목표와 희망은 구름을 박차고 승천하는 것.

우리 모두 어둡고 괴로웠던 과거를 박차고 나래를 펴는, 새 천 년에 승천하는 '미르'가 될 것을 소망합니다.

사소한 것을 소중히 여기면 행복이란 어려운 것이 아니라는 것을 깨닫게 된다고 합니다. 항상 주님의 축복이 함께하시길 빌면서…….

우리 개천에서 용 한번 나봅시다.

감사합니다.

2000년 1월 3일

김서곤 올림

2001년, 새 천 년의 첫해를 보내고
21세기 원년 신사년을 맞으며

일상과 노조에 대하여

살다 보면 오래 간직하고 싶은 기억이 있고 얼른 지워버리고 싶은 기억이 있는데, 바로 1년 전 새 천 년 뉴 밀레니엄이라고 떠벌렸던 축제의 기억은 빨리 지워버리고 싶습니다.

새 천 년 첫해의 끝자락에서 고개 숙인 남자들은 이제 잔뜩 위축되고 절망하고, 이곳저곳 눈치 살피기에 바빠지고, 희망과 기대를 품고 출발한 새 천 년 첫해, 금융 대란·의료 대란·항공 대란 등 큰 혼란이 이어진 한 해, 우리 리더들은 뼈를 깎는 자성을 너무 해서 뼈 없이 흐물대는 연체 인간이 되어버렸는가요?

"바꿔", "바꿔" 열풍이 불었으나 바뀐 건 없고, 린다 김의 삼행시는 우리들을 '패러디 시인'으로 만들었고, "반~갑~습네다. 반갑습~네다", '통 큰 정치' 등의 북한 신드롬과 남북 관계의 진전은 '홍위병'과 '2중대' 논쟁으로 우리를 헷갈리게 하고, 새 천 년 첫 번째 '노벨 평화상'은 온 세계, 온 국민의 축복과 찬사가 함께할 위대한 상인데도 경제에 발목 잡히고 지역감정에 함몰되어 그 빛이 희미해져 버리고, 한빛 게이트로 시작, 정현준 게이트, 진승현 게이트로 이어진 대형 금융 사건은 모든 벤처기업의 타락으로 비치고, 벤처기업들의 몰락과 코스닥 시장의 붕괴로 이어지고 말았습니다.

김정일 위원장의 눈치를 본다는 '4김 정치' 91~94학번을 일컫는 'IMF 학번', 어른들의 놀이방이라는 '러브호텔', '원조 교제', 동성애자의 '커밍 아웃Coming-out', 'B 양 비디오와 관음증', 'O 양의 모든 것', '미스코리아의 투시 사진' 등의 풀버전과 '자살 사이트', "행복한 사람은 아무나 찔러 죽이고 싶었다"라며 여중생을 살해한 어느 중 3 학생의 변, 18세 이후 10명을 살해했다고 자백한 연쇄살인범 정두영의 증오 범죄······.

참으로 '엽기'가 판치는 한 해였습니다.

'엽기, 촌티, 속도, 단순, 재미······.' 2000년의 일상 문화를 지배한 키워드라고 합니다. 엽기를 비롯한 2000년의 키워드를 한 몸에 지닌 화신이 11년간 관광버스 안내원이었던 2PAK4(이박사)라는데, "괴이한 것에 흥미가 끌려 쫓아다니는 일"이라는 사전적 의미보다 "엽기란 발상의, 주류의 전복, 왜곡된 상식의 회복, 발랄한 일탈로 요약된 차세대 문화코드"라는 딴지일보의 해석 또한 '엽기적'입니다.

그럼에도 '순기능' 면에서 바라본다면 정보 지식 사회의 급한 도래가 나타내는 현상이요, 저 깊숙이 내재되어 있던 시장의 힘이 꿈틀거려 지각변동을 일으키는 과정의 혼란이라고 저는 정의하고 싶습니다.

(중략)

또한 저를 가장 마음 아프게 하고 받아들이기 힘들게 한 것은 공장에 노동조합이 생겼다는 것입니다. 그러나 곧 노동조합이 생긴 것도 저의 잘못이요, 지금 우리나라 형태의 조합이 아닌 진정으로 ㈜솔고바이오메디칼 안에서 함께하는 이상적인 조합을 만드는 것이 저의 할 일이라고 마음을 고쳤습니다.

(주)솔고는 1월에 회사명을 (주)솔고바이오메디칼로 변경했습니다. 회사 명칭에서 솔고의 현재와 미래를 확실하게 표시해야 되겠다는 의지에서 메디칼을 기반으로 한 IT Information Technology, 그리고 BT Bio Technology 로서의 솔고를 나타내게 되었습니다.

(중략)

이제 89세가 되신 어머님을 모시면서 항상 저 자신의 불효를 느낍니다.

또한 정신의 건강에 대해 많은 것을 생각하면서, 마지막까지 육신과 정신의 건강을 유지할 수 있어야겠다고 다짐하곤 합니다.

이제 뱀의 해, 신사년! 뱀은 영생과 풍요와 지혜의 상징이라고 합니다. 어렵고 힘든 세월, 현실이 어두워 빛이 보이지 않을지라도 희망마저 잃을 수는 없습니다. 절망보다 나쁜 병은 없다고 합니다.

미래는 누가 만들어주는 것이 아니라 우리 모두가 창조해나가는 것, 변화는 이제 선택이 아니라 생존 전략의 문제라고 합니다. 갈등과 대립을 극복해 도약과 번영의 희망찬 21세기의 원년이 되도록 우리 모두 지혜를 결집하여, 뱀처럼 허물을 벗고 변해서 기적을 이루어봅시다.

사랑받는 세포는 암을 이긴다고 합니다. 사랑은 마음을 비울 때 우러난다고 믿습니다. 마음을 비우고 건강한 한 해가 되길 빌면서……

우리 모두 허물을 벗고 거듭나 봅시다.

감사합니다.

2001년 1월 1일
김서곤 올림

2002년, 신사년을 보내고 임오년을 맞으며

고통과 구조조정에 대하여

21세기 첫해, 희망과 꿈을 안고 시작된 '신사년'은 신사답지 못한 한 해가 되고 말았습니다.

저에게 다가왔다 가버린 신사년 365일은 실망인지 아픔인지 그 느낌 더없이 착잡하고 명명하기만 합니다.

2001년 폭설과 혹한으로 시작한 신사년은 2월 32년 만에 최고치라는 23센티미터의 눈, 6월에는 90년 만에 최악의 가뭄과 물 부족, 그리고 한 달도 안 되어 37년 만에 최고라는 집중호우 등의 재난과 함께 ○○○ 게이트, ××× 게이트, 그리고 ○○ 리스트, ×× 리스트 등이 우리를 허탈하게 합니다.

〈친구〉를 시작으로 〈신라의 달밤〉, 〈엽기적인 그녀〉, 〈조폭 마누라〉, 〈달마야 놀자〉, 〈킬러들의 수다〉, 〈두사부일체〉 등 조폭 신드롬은 지난 한 해 우리를 흔들었던 태풍이었습니다.

4세 여아 토막 살해, 과외비로 엄마를 살해한 여고생과 강사, 필로폰이 최음제인 줄 알았다는 H 양의 "검사님 IQ가 몇이에요? 소설 쓰네요" 당돌한 검사와의 설전, 성전환 수술한 하리수의 당당한 커밍아웃, "영자의 배, 배신" 등 엽기의 연속이었습니다.

주가 하락으로 수많은 개투의 '쪽박' 행진, 그리고 강원랜드의 상장으로 '도박'이 '대박' 되어버린 현상은 우리를 황당하게 합니다.

미국이 빈라덴에게 한 방 먹은 9·11 '테러'와 리얼타임으로 생중계된 생생한 화면은 우리를 전율하게 하고 정보 통신의 발달로 인한 세계화를 실감하게 했습니다.

상처 받은 부시(미국)의 자존심, 그로 인한 소리 없는 전쟁, 그리고 아무 상관도 없이 당하는 아프간 민초들의 처절한 삶의 아픔, 고통, 그리고 문명의 충돌, 종교의 갈등, 이런 것들이 우리를 혼란하게 합니다.

2001년의 부정적 측면의 키워드라면 '게이트', '리스트', '조폭', '엽기', '쪽박', '도박', '대박', '테러'. 한 줄로 꿰어보면 뭔가 일맥상통한다고 하겠습니다. 정치·경제·사회 등 우리나라가, 세계가 모두 조폭 논리로 움직이는 것이 아닌가 의심하게 합니다.

오늘 2002년 1월 1일 모 신문 머리기사가 "정치가 변해야 나라가 산다".

또한 모 경제신문 새해 특별 기획에도 "정치를 바꿔야 경제가 산다".

작년 단연 최고의 유행어라면 영화 〈친구〉의 대사 "내가 니 시다바리가?", "고마해라, 마이 묵었다 아이가"라고 합니다.

그 말을 빌려 던지고 싶은 말! "고마해라, 국민들이 니들 시다바리가?"

그럼에도 지난 한 해 역시 우리의 버팀목은 화재 현장에서 숨져간 소방관, 줄서기나 보신에만 눈 돌리지 않고 열심히 자기 임무에 충실한 공무원, 가치 창출을 위해 열심히 밤잠 안 자는 벤처인, 기업인, 생산 현장에서 자기 일에 충실한 노동자, 자기의 전문에 열정을 쏟아붓는 전문 연구인, 이들의 말 없는 시다바리가 그래도 우리 사회의 버팀목이라 하겠습니다.

(중략)

이제 90세가 되신 어머님은 쇠약해지신 것은 어쩔 수 없지만 건강하십니다. 다만 정신적인 것은 점점 심해지셔서 아들인 저를 못 알아보십니다.

(중략)

이제 임오년, 말의 해!

말은 역동적이고 뒷발질을 잘한다고 합니다. 지난해의 모든 험한 것은 뒤로 차버리고, 힘찬 '달음박질'로 결승점을 내달리는 경주마와 같이 도약의 한 해가 되기를 소망합니다.

비우려는 노력 속에 충만함이 깃든다고 합니다. 그것이 반복되는 삶을 살게 하는 작은 행복이라고 생각합니다. 항상 행복하시고 건강한 한 해가 되길 빌며……

우리 모두 신발 끈을 다시 질끈 동여매고 말처럼 뛰어봅시다.

감사합니다.

2002년 1월 1일

김서곤 올림

격동의 2002 임오년을 보내고
2003 계미년을 맞으며

꿈과 성찰에 대하여

임오년! 백마처럼 급하게 달린 한 해였습니다.

"부~자 되세요"라는 덕담과 함께 시작된 2002년!

미 솔트레이크 동계올림픽에서 '할리우드 액션'이라는 말이 과장된 행동을 지칭하는 대명사가 되었고, 정치판은 온통 '오노스러운 ㅇ들로 가득 차고 '오노스럽다'라는 심한 욕설을 만든 '오노 액션'은 임오년 반미 감정의 단초가 된 것 같습니다.

윤태식 게이트·진승연 게이트·최규선 게이트·이용호 게이트 등 연이은 게이트는 코스닥 시장을 강타하고, 노풍·병풍·태풍이 이어졌습니다. 태풍 '루사'는 한반도를 할퀴고 많은 상처를 남겼습니다. 2002 월드컵! 광화문 사거리를 중심으로 자발적으로 모여든 저 '붉은 악마'들은 전국 방방곡곡을 붉은 함성으로 물들였고 '거리 응원', '대~한민국'의 엇박자, '오, 필승 코리아', '꿈★은 이루어진다'로 분출된 국민적 에너지와 국민 통합의 기운은 거침없는 열기를 뿜어냈으며 온 겨레에 진한 감동과 자긍심, 자신감을 심어준 국민 축제의 장이었습니다.

이어진 아시안 게임에서 남북의 하나 됨, 이 같은 응원단의 열기는 촛불 추모제로 표출된 소파 개정 운동과 그동안 선거에서 방관자로 떠돌던 젊은 층을 대통령 선거에 참여 세력화시킨 정서적 용암으로 응축

되어 분출되었습니다. 이러한 흐름이 16대 대통령 선거에서 역사 흐름의 물꼬를 가름하고 틀어놓았습니다. 흔히 16대 대통령 선거를 '보수 대 진보', '안정 대 개혁', '우 대 좌', '성장 대 분배', '5060 대 2030' 등의 구도로 설명합니다만, 저는 조금 다른 관점에서 보고 싶습니다. 2002년은 진정으로 우리 사회에 '제3의 물결'의 도래를 알리는 신호의 해가 아닌가 합니다. '산업사회'에서 '정보화' 사회로의 이전이, 20세기와 21세기의 가름이, '아날로그'와 '디지털 시대'의 '패러다임'의 변화가, '사고의 틀'의 혁신이 이루어진 한 해였다는 생각입니다.

(중략)

우리 민족은 그동안 '한恨'이 '맺힌' 민족이었습니다. 아픔과 억울함, 서러움과 외로움, 그리고 괴로움이 응어리진 '한'의 문화, '맺힘'의 문화가 이제 '열린' 문화, '풀림'의 문화로 바뀌는 전환의 2002년이었습니다. '한'과 '맺힘'이 열리고 풀리면, 정이 샘솟고 신명이 솟구쳐 꿈은 이루어집니다. 물론 하루아침에 모든 것이 바뀌지 않겠지만, 이제까지의 관행이나 특권 의식, 또는 반칙 문화는 점점 사라져갈 것을 확신합니다. 너와 나, 우리 민족 모두의 사이사이에 신뢰가 가득 차길 소망합니다.

교수님들이 뽑은 2002년도 사자성어는 '이합집산離合集散'과 '안하무인眼下無人'이라고 합니다. '이합집산'은 우리 정치인들을 두고 하는 말이요, '안하무인'은 미국 대통령 부시를 두고 하는 말 같습니다. 우리 모두 '네 탓'이 아니라 '내 탓'이라는 자기 성찰로 시작하길 바랍니다.

2001년 다국적 종합 컨설팅 회사인 '액센츄어'가 내놓은 '기업가 정신' 보고서에 따르면, 반기업反企業 정서가 높은 국가로 조사 대상 21개국 중 1위가 한국(70%), 2위가 영국(68%)이었다고 합니다. 이에 영국은 기업은 물론 시민 단체, 언론, 학계 등이 모두 나서야 반기업 정서를 바로잡을 수 있다는 데 의견을 모았다고 합니다. 기업과 기업인이 제1의 개혁 대상이 아닌 국부의 원천이라는 인식이 이루어지는 우리 사회를 소망합니다.

(중략)

91세가 되셨던 어머님은 작년 11월 4일 돌아가셨습니다. 조의와 조문을 표해주신 분들께 진심으로 감사드립니다.

(중략)

이제 계미년, 양의 해! 양은 평화, 정직, 풍요의 상징이라고 합니다.

양은 눈이 나빠서 앞에 가는 동료의 엉덩이만 보고 달린다고 합니다. 우리 모두 온 겨레가 똘똘 뭉쳐 양처럼 한 방향으로 매진하는 통합과 화합의 계미년이 되기를 소망합니다.

안팎의 거센 도전을 슬기롭게 극복하고 갈등을 치유하며 새로운 도약을 준비하고 실천하는 위대한 '대~한민국'을 이루길 바랍니다.

'건강하시고', '부~자 되세요.' '꿈★은 이루어진다' 빌면서…….

머뭇거리거나 숨 고를 시간이 없습니다. 우리 모두 신발 끈을 조여 맵시다.

감사합니다.

2003년 1월 1일
김서곤 올림

2003 계미년을 보내고 2004 갑신년을 맞으며

코드와 자기선언에 대하여

교수님들이 뽑은 2003년 사자성어는 '우왕좌왕右往左往'이라고 합니다. '점입가경漸入佳境', '이전투구泥田鬪狗', '지리멸렬支離滅裂', '아수라장阿修羅場' 등이 다음 순위를 차지했습니다. 2001년엔 '오리무중五里霧中'이었고, 2002년엔 '이합집산離合集散'이었습니다.

참으로 정치, 경제, 사회, 기업 등 모두가 다 '우왕좌왕'하며 말의 성찬만 있었을 뿐, 이룬 건 없이 아까운 시간만 낭비한 계미년이 아니었던가 하는 생각이 듭니다. 이제 막 21세기 새 천 년을 시작하는 단계에서 '우리가 이러면 안 되는데, 이럴 순 없는데, 이럴 시간이 없는데' 하는 조급함, 초조함, 그리고 안타까움이 우리를 잠 못 이루게 합니다.

'대~한민국'이 '떼~한민국'이 되어 모두가 떼만 쓰다 만 계미년! '차떼기와 채권책', '임기 말 같은 임기 초 1년', '대북 송금 특검과 정몽헌 회장 자살', '태풍 매미', '부안의 핵 폐기장 문제', '대구 지하철 참사', '신용불량자 400만 명 육박', '한·칠레 자유 무역 협정 문제', '사스', 이젠 '조류독감'까지 지난 한 해는 나쁜 일의 연속이었습니다.

어떤 홈쇼핑에서 이민 상품이 대박을 터뜨리고, 로또 복권은 대박의 꿈을 안겨줬지만 '대박'보다는 '쪽박' 찬 사람이 더 많았던 계미년! 2003 계미년을 하나의 한자로 표현한다면 '난亂'이라고 하고, 한 단어로는 '엽기獵奇'라고 합니다.

또한 지난 한 해는 정치적·경제적·사회적으로 참 '거시기'한 어려운 한 해였습니다.

"워메, 정말 이놈의 세상 징하게 까깝해죽것내 잉!"

드라마 〈다모〉의 "아프냐? 나도 아프다."

'사오정', '오륙도'라고 하더니 이제는 이십 대 태반이 백수라는 '이태백'이라는 말이 유행했습니다. 미인을 일컫는 '얼짱', 국적 불명의 '딸녀'(딸기를 양손에 든 야릇한 표정의 여자 합성사진), 그리고 '블로그 웹', '플래시몹', '엽기송', '무뇌충' 등등 금년엔 '얼짱' 대신 인품이 짱이라는 '품짱'이, 그리고 딸기를 든 '딸녀' 대신 전신에 중화상을 입고도 환하게 웃는 '이지선' 양의 사진이 유행되기를 희망해봅니다.

이제 우리는 이렇게 우왕좌왕할 수 없습니다.

120년 전의 갑신년처럼, 2004년 이 갑신년이 우리 민족의 갈림길이기 때문입니다. '혼돈과 반목과 갈등'을 접고 이제 '질서와 화해와 협력'의 새 역사를 열어야 합니다. 코드가 맞는다고 하는 386세대가 3·15, 8·15, 6·25의 역사를 모르는 코드여서는 안 될 것입니다.

1만 달러에서 머뭇거리며 성장 잠재력이 4퍼센트 이하로 하락하는 오늘날의 한국 경제……. 세계는 뛰는데 우리만 멈출 수는 없습니다. 우리 모두 힘 모아 다시 뛰어야 합니다. 내 눈의 들보는 보지 못하고 남의 눈의 티끌만 탓하는 '떼~한민국'을 발전적으로 변화시키려면 우리 각자 철저한 자기반성이 있어야 하겠습니다.

(중략)

피터 드러커 교수가 2002년 저서 《넥스트 소사이어티Managing in the

Next Society》에서 세계에서 '기업가 정신'이 가장 왕성한 나라로 한국을 지명했는데, 반면에 '반기업 정서'가 가장 강한 나라 또한 한국이라고 합니다. 기업가 정신의 우리나라와 반기업 정서의 우리나라가 어떤 함수 관계인지 저를 헷갈리게 합니다.

(중략)

저 개인으로는 작년 5월에 동탑산업훈장을 받았고, 개성 공단 부지 시찰과 평양의 류경정주영체육관 개관 기념행사 관계로 육로로 북한을 두 번 다녀왔습니다. 김대중 정부의 대북 햇빛 정책과 현대 정주영 회장의 마지막 사업 구상에 대해 여러 갈래의 평가가 있지만, 후세의 역사가 정당하게 평가할 것이라고 생각해봅니다. 어쨌든 개인적으로 북한의 그들도 '내 동포요, 내 형제'라는 것을 다시 한번 느낀 소중한 경험이었습니다.

(중략)

저희 솔고바이오메디칼은 연말이면 전 임직원이 자기 선언서를 작성하고 그 선언서를 두 개의 액자로 만들어, 하나는 집에 보내주고 하나는 근무하는 곳에서 항상 볼 수 있게 합니다. 저 또한 예외가 아닌데, 2004년 저의 선언서는 (1) 모두를 존경하기, (2) 부정적인 사고(생각)를 바로 지우기, (3) 찌푸리거나 비난·비관·불만 안 하기, (4) 건강에 매일 시간 투자하기, (5) 성경 말씀에 매일 시간 투자하기 등으로 정했습니다.

제가 이렇게 자기 선언을 하게 된 것은, 저는 항상 겸손해보자고 다짐합니다만 외양으로 겸손한 것은 몰라도 내면으로부터의 진정한 겸손이 되지 않은 듯하기 때문입니다. 자만이라는 것은 밀가루 반죽 같다고 가끔 생각해봅니다. 누르면 어딘가 한쪽으로 삐져나오니, 삐져나온 쪽을 누르면 다른 쪽이 또 삐지고……. 진정한 겸손을 이루려면 '자만'이라는 밀가루 반죽을 아예 없애야겠습니다.

그러려면 나의 내면을 비우고 누구든지 존경하는 연습이 필요한 것 같습니다. 그래서 올 한 해는 누구를 폄하거나 부정적인 말을 하거나 화를 내거나 비난이나 비평·불만을 표현하지 않기로 선언했고, 만약에 제가 지키지 못할 때 무조건 제 앞에서 손가락만 올리면 만 원씩 즉시 지급하겠다고 전 임직원에게 약속도 했습니다.

(중략)

이제 갑신년, 원숭이의 해!

세계적 창의력 연구가인 마이클 미칼코가 쓴 《창의적 자유인》에서는 "원숭이형 인간이 돼라"라고 합니다. 저자는 원숭이형 인간은 자발적으로 움직여서 창의적이고 혁신적으로 생각하고, 그 결과 얻은 효과를 잘 활용하는 사람을 의미한다고 강조합니다. 정치, 경제, 사회, 기업, 그리고 개인 모두가 이노베이션Innovation하는 한 해가 되길 소망합니다.

항상 건강하시고 소원 성취하시길 빕니다. 그리고 '대박' 터뜨리시길!

세계는 뛰는데 우리만 멈출 수는 없습니다. 다 함께 힘을 합쳐 다시 뛰어봅시다.

감사합니다.

2004년 1월 1일
김서곤 올림

2004년 갑신년을 보내고 2005년 을유년을 맞으며

대박과 불황에 대하여

이제 닭이 홰를 치면서 맵짠 울음을 뽑아 밤을 쫓고 어둠을 짓내몰아 동컨으로 휘언히 새벽이란 새로운 손님을 불러온다 하자.

— 윤동주의 〈별똥 떨어진 데〉

을유년 새해! 어둠을 짓내몰고 희망의 한 해이길 소망합니다.

2004년 사자성어는 '당동벌이黨同伐異'라고 합니다. 국어사전을 보니 "일의 옳고 그름은 가리지 않고 같은 동아리끼리는 한데 뭉쳐 서로 돕고 다른 동아리는 배격함"의 뜻입니다. 《교수신문》이 2001년부터 한 해를 정리하는 사자성어를 발표해왔는데, 2001년 '오리무중五里霧中', 2002년 '이합집산離合集散', 2003년 '우왕좌왕右往左往', 2004년 '당동벌이黨同伐異'입니다.

21세기 첫 5년이 우리 국가와 민족의 100년을 결정짓는 아주 중요한 시기라는데, 우리 모두를 위한 싸움이 아닌 오직 '그들만의 싸움', '그들만의 잔치'로 지새우고 있으니 안타까움과 실망에 민초들은 억장이 무너집니다.

포털 사이트 '엠파스'에서 누리꾼(네티즌)들의 의견을 조사하니 다음과 같았다고 합니다.

2004년 '제발 끝이었으면 하는 것' → '경제 불황'(56%)

2004년 '가장 안 좋았을 것 같은 사람' → '경제 불황으로 힘든 국민'(65%)

2004년 당신에게 어떤 해? → '일이 꼬이고 안 좋았던 한 해'(82%)

2004년 한 해를 보내는 당신의 기분? → '아쉽다'(31%), '무겁다'(15%), '허무하다'(12%)

2004년 마감하며 한국인에게 할 한마디? → '여러분, 힘내세요'(31%), '경제 꼭 살립시다'(12%), '아자아자, 파이팅!'(8%)

검색창에 가장 많이 오른 단어는 '로또'와 '아르바이트'였다고 합니다. 불황에 지치고 박탈감에 빠진 서민들은 자나 깨나 '대박' 춘몽_{春夢}에 쪽박 차고, 청년 구직의 목마른 어려움을 엿볼 수 있습니다.

'탄핵', '김선일', '약달러', '동북공정', '관습헌법', '쓰레기 만두', '유영철', '집창촌', '욘사마', '싸이질', '엄지족', '줄기세포', '쓰나미' 지난해의 열쇠말(키워드)들이었습니다. 지난 한 해를 돌아보면 '경제 불황'의 문제가 가장 큰 이슈이지만, 그 바닥엔 '변화'와 '혁신'의 문제가 있다고 할 수 있겠습니다.

(중략)

지금 당장 눈앞을 보면 어둠과 혼란과 절망만 보입니다. 그러나 눈을 들어 멀리 보면, 100년 전인 1905년, 우리나라는 '을사조약'의 국치의 해였습니다. 100년 전인 1905년은 아인슈타인이 '특수상대성이론', '빛의 입자설', 즉 '광양자설' 등 네 가지 이론이 발표된 해였습니다. 지금 미국에선 금년을 '앨버트 아인슈타인의 해'로 지정하고 대대적인 행사를 계획한다고 합니다.

(중략)

100년 후인 2005년, 오늘 우리는 줄기세포, 그리고 국제 스탠더드를 이끌어가는 IMT 2000, 디스플레이 기술, 탄소 나노 기술 등 세계 속에서 가장 앞서가는 분야를 보면서 우리의 혁신적 변화에 '격세지감隔世之感'을 느낍니다.

60년 전 을유년, 우리는 일제 통치에서 해방되었고, '남북 분단', '6·25 동족상잔' 등을 겪었습니다. 저의 생과 일치하기 때문에 더더욱 기억이 생생합니다. 어느 한 해 어렵지 않은 해가 없었지만, 우리는 계속해서 발전해왔습니다. 그리고 누구보다 빠르게 성장을 거듭했습니다.

이제 옷깃을 여미고 숙연함으로 2005년 을유년 새해를 맞으면서 '경제 회복', '국민 대통합', '다시 뛰는 대한민국'은 국민의 염원이고 합의라고 하겠습니다. 북한은 '농업 생산'을 강조한다고 하니 남과 북이 경제문제일망정 방향이 이렇게 일치하기는 처음인 것 같습니다. 국민들의 생각이 금년 우리의 과제는 '경제'(37.1%)와 '정치 개혁'(36%)이라고 합니다. 우리 모두 힘을 합쳐 '다시 뛰는 대~한민국'을 소망합니다.

(중략)

우리 (주)솔고바이오메디칼은 2004년이 최악의 해였습니다. 몇 개의 종합병원이 쓰러지고 '불황'의 여파로 삼사분기까지 40여억 원의 적자를 냈지만, 이 모든 것이 저의 경영 능력, 관리 능력의 부족이었다고 할 수 있습니다. 2004년 5월부터 위기를 감지하고 내·외부적으로 수습·통제하고, 2005년을 준비하기 위한 조치들을 취해왔습니다. 2005년은 내실 경영으로 매출보다는 이익을 극대화하는 방향으로 가겠습니다.

(중략)

'살아남는 것은 강한 종이 아니라 변화하는 종'이라고 합니다.

(중략)

이제 을유년, 닭의 해! 닭은 입신출세와 부귀영화, 자손 번창, 그리고 부를 상징한다고 합니다. 수탉의 힘찬 울음은 혼돈과 무질서를 끊고 질서와 조화를 알립니다. 이제 수탉의 힘찬 울음을 시작으로 국민 대통합을 이뤄 경제 회복에 전력하는 한 해가 되길 바랍니다.

'다시 뛰는 대~한민국'을 소망합니다.

2004년 갑신년을 하나의 한자로 표현한다면 '苦'라고 합니다.

2005년은 '고苦'가 다하여 '고진감래苦盡甘來'의 해가 되길 기도드립니다.

100세를 대비하여 건강을 챙기시는 한 해가 되길!

'다시 뛰는 대~한민국!'

감사합니다.

2005년 1월 1일

김서곤 드림

2005년 을유년을 보내고 2006년 병술년을 맞으며

분열과 섞임에 대하여

2005년 사자성어는 '상화하택^{上火下澤}'이라고 합니다. '위에는 불, 아래에는 물'이라는 뜻인데, 《주역》에 나오는 이 사자성어는 서로 이반하고 분열하는 현상을 가리킵니다. 끊임없는 정쟁, 비생산적인 논쟁, 지역 및 이념 갈등 등 우리 사회의 끝없는 소모적 분열과 갈등 양상을 말하는 것 같습니다.

2001년 '오리무중^{五里霧中}'은 각종 게이트가 난무하고 한 치 앞도 내다볼 수 없는 정국 흐름을 상징하고, 2002년 '이합집산^{離合集散}'은 치열한 대선 국면에서 정치 철새들의 줄서기로 요동쳤던 정치권을 빗댄 말이고, 2003년 '우왕좌왕^{右往左往}'은 참여정부 첫해 초보 운전처럼 느껴졌던 초기 정국 운영을 비꼬아 표현한 말인 것 같습니다. 2004년 '당동벌이^{黨同伐異}'는 대통령 탄핵, 행정 수도 이전 등 극심한 사회 갈등을 꼬집은 말로, 2005년과 크게 다르지 않습니다. 2005년 '상화하택'은 우리 사회가 불과 물처럼 상극을 이룬 모습, 즉 죽기 아니면 살기 정국을 빗댄 말로 보입니다.

5년 동안의 사자성어를 보면 정국의 흐름이 보입니다. 2001년, 2002년, 2003년까지는 헷갈리는 모습이었으나, 2004년, 2005년은 사회 주도 세력이 바뀌는 변화와 그 변화를 인정하지 못하는 세력 간에 동지 아니면 적으로 구분되어 중도파는 설 자리가 없는 양상을 만들어갑니다. 균형과 조화, 중용이라는 말은 사라졌습니다. 왜냐하면 편 가르기를 강요하는 사안들이 바로 나의 문제, 우리의 문제이기 때문에 입을 꽉 다물고 있다고 해결될 문제가 아닌 것이기 때문입니다.

교수님들이 병술년 우리 사회의 소망을 담은 사자성어로 '약팽소선若烹小鮮'을 선정했습니다. 《노자》 60장에 나오는 이 사자성어는 '치대국 약팽소선治大國 若烹小鮮'의 준말로 "큰 나라를 다스리는 것은 작은 생선을 삶는 것과 같다"라는 의미인데, 무엇이든 가만히 두면서 지켜보는 것이 가장 좋은 정치라고 합니다.

포털 업체들이 뽑은 2005년 올해의 최고 검색어는 역시 '로또'라고 합니다. 3년 연속 최고의 인기 검색어로 꼽히고 있는 '로또'는 팍팍한 경제 상황에서 1등 당첨이라는 대박을 바라는 서민들의 꿈을 대변하고 있다고 하겠습니다.

한때 섹시한 춤꾼 '떨녀'가 누리꾼들의 호기심을 자극하면서 인기를 끌기도 했지만, '개똥녀'라는 치욕스러운 별명을 얻은 인터넷 스타(?)도 탄생했습니다. '개똥녀'는 지하철에서 자기 애완견이 싼 똥을 치우지 않는 모습이 어느 누리꾼의 '디카'에 찍혀 인터넷에 퍼졌고, 모 신문의 홍 기자는 택시 기사의 '폰카'에 잡혀 망신을 당했습니다. 정말 '디카'와 '폰카' 위력의 시대입니다.

힘찬 새벽닭 울음소리로 시작한 2005년, 그러나 '영화배우 이은주 자살', '북한의 핵 보유 발언', '독도 도발', '총기 난사', '맥아더 동상 철거', '강정구 친북 발언과 법무장관의 지휘권 행사', '개똥녀', '도청 X 파일', '대연정', '8·31 부동산 대책', '고졸 대통령', '거물 브로커 윤상림', '청계천', '기생충 알 김치', '병상 정치', '난자 채취', '줄기세포와 황우석 파문', '사학법 개정' 등등 하루가 멀다 하고 세상을 뒤흔드는 사건·사고 들이 우리를 짜증 나게 하고 기죽게 합니다.

(중략)

'구국 결단 베스트 3'라는 2005년 항간에 유포됐던 유머는, 나라를 살리는 첫 번째 결단은 '한국에서 아이를 많이 낳는 일'이며, 두 번째 결단은 '부자가 국내에서 흥청망청 돈 쓰기'이며, 세 번째 결단은 '대한 민국에 얌전히 눌러앉아 있기'(이민 안 가고, 자살 안 하고)라고 합니다.

지난 한 해를 돌아보면 연초부터 계속 "경기가 바닥을 쳤다"라는 평 가가 이어졌습니다. 그러나 경기 불황의 문제보다 더 심각한 것은 이제 '양극화의 문제'인 것 같습니다. '보수와 진보', '성장과 분배', '있는 자와 없는 자', '도시와 농촌', '대기업과 중소기업', '정규직과 비정규직' 등 등……. 배고픈 것은 참아도 배 아픈 것은 못 참는 우리들이 상대적 빈 곤감을 극복하는 방안이 마련되어야 하겠습니다.

400여 년 전에 쓰인 《임진록》의 기록에는 "명나라 병사가 (배탈이 나서) 땅에 토한 것을 조선인들이 달려와 앞다투어 핥아 먹었다"라는 이야기 가 전해집니다. 그리고 300년 후 조선은 일본 식민지가 되었습니다.

그래서 연말에 몇 군데에서 50년 전 우리의 실상을 화두에 올려봤습 니다.

"판잣집을 아는가?", "판잣집 지붕은 무엇이었는가?", "꿀꿀이죽을 아는가?"

이 질문에 대해 50대들도 정확히 답을 말하는 사람을 보지 못했습니다.

우리가 지난날의 쓰라린 역사, 입에 담기 힘들었던 과거의 부끄러운 역사를 우리의 영광스러운 일과 함께 후대에 교육시켜야 한다는 생각을 해봅니다. 우리의 현재는 과거의 순정하고 정의로운 역사뿐 아니라 오욕스러운 것까지 함께하고 있다는 것을 알도록 해야 하겠습니다.

저 개인으로는 지난 한 해가 저 자신을 돌아보고 정리한 해였습니다.

첫째, 예전엔 통하던 관행이 왜 갑자기 지금은 안 되느냐고 억울해하는 것에서의 탈출입니다. 둘째, 저 자신의 앞가림도 못하는 주제에 너무 나대지 않았나 하는 반성을 했습니다. 그래서 한국의료기기공업협동조합 이사장을 비롯하여 여러 가지 사회적 감투를 벗었습니다. 하늘의 명을 깨달아 알게 되었다는 지천명五十而知天命을 넘어 남의 말을 듣기만 해도 그 이치를 깨달아 이해하게 된다는 이순六十而耳順의 반을 지났는데도, 도무지 인생은 '이런 거다'라고 잡히는 것은 없고 안개 속을 헤매는 것 같은 저 자신이 부끄럽습니다. 거의 모든 시간을 본사(평택 공장)에서 제품 개발과 인적 구조조정 등에 몰입했지만, 명확히 손에 잡히는 것은 없이 허송세월만 하다가 겨우 작년 하반기에 와서야 안개가 걷히는 느낌입니다.

어리석음을 스스로 현명함으로 착각하고, 세상을 무시하고 자만에 가득 찼던 삶, 돈키호테처럼 용감했던 나, 이제와 돌아보니 너무 부끄러워 머리를 들 수 없습니다.

너무너무 늦었지만 그래도 이제라도 저의 부족함을, 어리석음을 깨닦게 해주심을 감사드립니다.

이제 금년은 개인적인 욕심을 훌훌 털고 내부 고객(직원)을 마음 다하여 섬기는 한 해가 되도록 하겠습니다. 또한 우직스럽게 정직한 삶을 살겠습니다.

(중략)

올해는 지난해 '상화하택'과 반대되는 49번째 괘인 '택화혁澤火爀'이 되어야 한다고 합니다. 이 괘는 물이 위에 있고 불이 아래에 있는 형상으로서 불이 물을 끓게 만들어 그 결과 혁, 즉 변화와 개혁이 따른다는 것입니다. 물과 불이라는 두 에너지를 그 성질 그대로 잘 살려서 활용하는 지혜, 곧 에너지가 물을 끓이는 데 제대로 쓰임으로써 올해 우리 사회의 갈등과 문제가 해결되는 한 해이기를 소망합니다.

마음이 무너지고 상처 입은 우리 사회가 '정직'과 '신뢰'를 다시 일으켜 우리 모두의 마음의 상처가 치유되는 한 해이길 소망합니다.

근심과 걱정은 알고 나면 허수아비라고 합니다. 아무것도 아닌 허수아비에 묶이지 말고 내일의 희망과 꿈을 향해 나아갑시다.

'가족'이 행복 조건의 제1위라고 합니다.

병술년 댁내 모두 평안하시고 건강하시길!

2006년 1월 1일
김서곤 드림

2006년 병술년을 보내고 2007년 정해년을 맞으며

신뢰와 진화에 대하여

지난 '개해'를 돌아다보니 어떻습니까? 꿀리십니까? 아니면 꿀리지 않습니까?

저는 많이 많이 꿀립니다.

하나님께 꿀리고, 고객님들께 꿀리고, 주주님들께 꿀리고, 그리고 우리 직원들께 꿀립니다. 친척과 친지들과 친우들께 꿀리고, 마누라에게 꿀리고, 자식들에게 꿀립니다. 특히 자신과의 사소한 약속조차 제대로 지키지 못한 저에게 꿀리다 못해 부끄럽고 한심스럽습니다.

시사 주간지 《타임》은 2006년의 인물로 '당신YOU'을 뽑았습니다. 인터넷 세상을 주도하는 것은 바로 당신이라는 것입니다.

또 일본에서는 2006년의 한자로 목숨 '명命'이 선정됐습니다. 생명의 중요성을 일깨운 것 같습니다.

경찰청에 따르면, 2005년 한국 자살자 수가 1만 4011명이었다고 합니다. 그렇게 절실한 삶을 포기한 사람이 하루에 40명이나 됐다는 얘깁니다.

미국의 세계적 권위를 가진 영어사전 출판사 '메리엄 웹스터'가 '올해의 단어'로 'truthiness'를 뽑았습니다. 이 단어는 신조어로 "책에서 유래되지 않고 감정에서 나온 진실, 즉 사실에 근거하지 않고 자신이 믿고 싶은 것을 진실로 받아들이려는 성향"이라는 뜻이라고 합니다. '진실은 씨가 마르고, 저마다의 가슴에 저마다의 신전을 차려놓고 저마다의 계시를 읽어 그게 진실이라고 침 튀기는 세상', 거짓 정보를 진실이라 우겨대는 것을 빗댄 것 같습니다.

'밀운불우密雲不雨'는 《교수신문》이 해마다 선정한 2006년 사자성어로 "하늘에 구름만 빽빽하고 비가 되어 내리지 못하는 상태", 일이 성사되지 않아 답답함과 불만이 폭발할 것 같은 상황을 나타내는 뜻이라고 합니다.

새 천 년의 첫 10년이 중대하다고 했는데 우리는, 우리 사회는, 우리 국가는, 너무 참담한 시간을, 세월을 허송하는 것 같습니다.

혼란과 이기심과 어리석음과 갈등과 편 가르기와 싸움질, 그리고 희망이 보이지 않는, 모든 성장 동력이 사그라져 가는, 꺼져가는 촛불 같습니다.

그러나 실망하고 체념하고 포기하기엔 너무 이릅니다. 새 천 년의 첫 10년 중 아직도 3년이나 남아 있습니다. 지금의 카오스적인 혼돈이 우리에겐 오히려 기회라고 외치고 싶습니다.

혼란을 질서로, 이기심을 배려로, 어리석음을 현명한 전략으로, 갈등을 설득과 신념으로, 편 가르기를 기러기의 편대로, 싸움질을 제로섬이 아닌 승승의 경쟁으로, 네 탓이 아닌 내 탓으로 반전시키는 우리 모두의 반성과 자기 성찰을 소망해봅니다.

신뢰를 '사회적 자본'이라고 합니다. 또 '신뢰를 잃는 것은 전부를 잃는 것'이라고도 합니다.

한국개발연구원KDI의 조사에 따르면, 정부·정당·국회에 대한 국민의 신뢰도가 10점 만점에 3점대로, 이는 처음 보는 사람에 대해 갖는 믿음보다도 낮다는 것입니다. 직장 동료와 동호인, 이웃에 대한 신뢰도는 6점대, 교육기관과 시민 단체가 5점대, 언론·군대·대기업·법원·검찰은 4점대로 우리나라가 '사회적 자본 빈국'이라는 진단입니다.

프랜시스 후쿠야마 존스홉킨스 대학 교수는 저서 《트러스트》에서 한국을 사회 구성원 간의 신뢰가 낮은 '저신뢰 사회'로 분류했습니다.

공동체적 연대 의식보다 가족주의와 연고에 집착한다는 것입니다.

'저신뢰'는 '고비용'을 낳습니다. 서로 믿지 못하기 때문에 감시와 통제에 많은 비용을 치러야 합니다. 곧 신뢰가 경쟁력의 원천이요, 성장 동력이라 하겠습니다.

2007년은 우리 사회가 저신뢰에서 '고신뢰 사회'로 돌아서는 해이길 소망합니다.

지난 2006년을 되돌아보면 부동산 불안, 환율 불안, 북 핵 문제, 고유가, 경제정책의 불확실성과 정치 불안 등등……. 그러나 이들 악재에도 우리나라가 수출 3,000억 달러 그룹에 들어간 '세계 11번째 국가의 해'이기도 합니다. 이는 아프리카 52개 나라의 수출을 모두 합한 것보다 많고, 남아메리카 35개 나라의 수출 총액과 맞먹는 규모입니다. 이런 위대한 성취에도 불구하고 우리에겐, 우리 거리엔, 감격과 환희가 시들합니다. 자랑과 자부가 없습니다.

(중략)

나이 들어가면서 항상 감사와 사랑이 충만하게 하시옵고, 배려와 낮은 데로 자리하게 하여주시옵소서. 노욕에 분별력을 잃지 않게 하여주시옵고, 고집이 세지지 않도록, 사고의 유연성을 잃지 않도록 저를 항상 일깨워주시옵소서.

말이 많아지지 않도록 스스로 깨닫게 하시옵고, 항상 경청하고 역지사지하도록 하여주시옵소서. 저에게 다가오는 미움과 저주, 원망과 복수심, 그리고 분노를 눈 녹듯 녹여서 망각의 심연으로 흘려보내 주시옵소서.

육신의 건강을 지키게 하여주시옵고, 영혼이 강건하게 하여주시며, 내면의 세계에 깊숙이 들어가서 깨달음의 경지에 가까이 가게 하여주시옵소서.

꿈과 상상력이 항상 충만하게 하시옵고, 학습에 항상 목마르게 하여주시옵길 간절히 기도드립니다.

지난 한 해는 거의 모든 시간을 솔고바이오메디칼과 저 자신의 학습에 매달렸습니다.

그러나 저 자신의 생각의 속도와 현실의 속도는 항상 괴리가 있어 초조함을 달래는 것이 더 힘들었습니다. 금년에는 저 자신의 온 마음과 열정을 다하여 '솔고'를 탄탄한 반석 위에 굳건히 세우도록 하겠습니다.

금년부터 '솔고'의 비전을 바꾸었습니다.

"건강을 파는 건강한 회사Healthy company providing health"

미래학자 호세 코르데이로 박사는 생물학적 한계를 뛰어넘는, 영생하는 새로운 인간, 즉 진화의 종착점에서 나타날 '신인류', '포스트 휴먼 post human' 시대가 온다고 예측합니다.

지금은 중간 단계인 '트랜스 휴먼trans human'으로 진화 중이랍니다.

2020년에는 생각만으로도 의사소통이 가능해지고, 10년 안에 어떤 장기도 복제를 통해 대체 가능해지며, 심지어 뇌세포의 뉴런(신경세포)까지 교체할 수 있게 된다고 예언합니다.

죽을힘을 다해 10년 내지 15년 살아남으시길 소망합니다. 영생의 길(?)이 있을지 모르니까! 아무튼 황금돼지해를 맞아 건강하시고, 재물이 데굴데굴 굴러 들어오는 정해년이 되길 빌겠습니다. 대박 터뜨려 빨리 빨리 부자 되십시오.

2007년 1월 1일
김서곤 드림

2007년 정해년을 보내고 2008년 무자년을 맞으며

위기와 기회에 대하여

누구나 지난해를 되돌아보면서 '다사다난'했다고 회상합니다. 무변광대한 우주 공간에서 보면 모두가 아무것도 아닌 나노 먼지 같은 일들이고, 억만겁의 시간에서 보면 지난 1년은 나노 찰나의 순간으로, 모든 문제가 '깜'도 안 된다고 치부해버리면 우리의 삶의 무게가 한결 가벼워질지 모르겠습니다.

《교수신문》이 선정한 2007년 사자성어는 '자기기인(自欺欺人 : 자신을 속이고 남도 속인다)'이라고 합니다.

'자기기인'이란 주자의 말씀을 집대성한 《주자어류》와 각종 불경에 자주 등장하는 사자성어인데, 자신도 믿지 않는 말이나 행동으로 남까지 속이는, 도덕 불감증 세태를 풍자하고 망언을 경계하는 성어로 널리 쓰인다고 합니다. 안대회 성균관대 교수님은 "자기기인은 도에 넘치는 욕망이 분출되어 나타나는 행동으로, 1년 내내 우리 사회를 뒤흔든 학력 위조, 논문 표절, 정치인과 대기업의 도덕 불감증 행위 등도 분수를 모르는 탐욕에서 기인했다"라고 선정 이유를 밝혔다고 합니다.

신정아 가짜 학위 파문으로 촉발된 '짝퉁 학위', 철저한 검증 없이 취득한 '허술 학위', '이태백'이라는 말에서 한발 더 나아가 삼십 대 절반이 실업 상태라는 '삼태백', 장기간 미취업 상태의 '장미족', 어학연수나

유학 목적으로 해외에 나가 있는 '영어 난민', 재취업이나 재취학을 위해 몰래 공부하는 '도둑 공부', 취업을 위해 명문대에 편입하려는 '메뚜기 대학생', '88만 원 세대', 수익률이 나빠 안타깝게 만드는 '안습(안구에 습기 차다) 펀드', 불법으로 투자 자금을 끌어모으는 '짝퉁 펀드', 미국 증시를 낮춰 부르는 '쌀국장米國株式市場', 해외투자에 나선 가정주부를 가리키는 '와타나베 부인'의 한국판 '김씨 아줌마', 자녀 교육을 위해 강북의 집 팔아 대치동에 전세로 사는 '대전살이', 40~50대 어머니가 해외에서 일해 자녀 등록금을 버는 '기러기 모골탑母骨塔' 등 2007년 우리 세태를 반영하는 여러 가지 신조어가 생겼습니다.

(중략)

그 알파는 아마도 '사회적 자본'이라고 하는 '신뢰 지수'를 높여야 하는 것이 아닐까 생각합니다.

'저신뢰 사회'는 공동체적인 연대 의식보다 가족주의와 연고에 집착합니다. '저신뢰 사회'는 '고비용 사회 시스템'을 만듭니다.

'고신뢰 사회'로 가기 위해선 우리에게 만연되어 있는 '패거리 문화'(혈연, 지연, 학연 등)를 없애고 부의 평등이 아닌 '기회의 평등'이 실현될 수 있는 '사회 시스템'이 갖추어져야 할 것입니다. '고신뢰 사회'는 곧 '경쟁력의 원천'이요, '성장 동력'이라 하겠습니다.

'태안 앞바다'에서 우리는 '신뢰'와 '희망'이라는 구슬을 봅니다. "구슬이 서 말이라도 꿰어야 보배"라고 합니다. 그 소중한 구슬들을 잘 꿰어서 최고의 보배를 만들어갑시다.

아무래도 '지공세(지하철 공짜 세대)'가 되면 사회적 활동 범위도 축소되고, 그래서 시야도 좁아지고 학습보다는 지난 경험을 앞세워 가르치려 들고, 말은 많아지고, 고집스러워지고, 고립무원이다 보니 인색해지고, 의심은 많아지고, 세상 돌아가는 것, 즉 트렌드에 둔감해지다 보니 판단력이 둔해져서 수구 꼴통이 되고, 창의력의 원천인 상상력은 가뭄에 논처럼 말라 들어가고, 마나님께 채널권 빼앗겨 보고 싶은 프로도 제대로 못 보고, 그래서 또래 모임에 가서 고작 연속극 줄거리 정도가 화제가 되고, 집사람에게 한마디 했다간 옛날 타령부터 시작해서 되로 주고 말로 받는 신세, 이런 것들이 우리 지공세들의 처지?

지공세님들 중 아니라는 분들께서는 저에게 연락 주시면 한 수 배우고 후사하겠습니다.

(중략)

고난과 위기를 극복하고 승리했을 때 세상은 열광합니다.

지금 우리 대한민국의 국가 경쟁력을 말하면 곧 '샌드위치 위기론'이라 하겠습니다.

그러나 저는 감히 믿습니다. 우리 한민족의 'DNA' 속에 위기 극복에 대한 강한 유전자가 흐른다고!

우리 민족만큼 창의력이 뛰어난 민족도 드물다고 합니다.

신명 나면 우리만큼 잘하는 민족도 없습니다. 기만 살려주면 우리 앞에선 어떤 '고난'도 '성장 동력'이 되고 어떤 '위기'도 '기회'로 바뀝니다.

2008년 세계가 다시 '코리아'에 열광하는 해가 되길 소망합니다.
'대국굴기大國堀起'의 반열에 우리 한반도가 오르길 소망합니다.

2008년은 '무자년', '쥐띠의 해'입니다.
쥐는 예로부터 '다산'의 상징이요, '다복'의 상징이라고 합니다.
쥐만큼 눈치 빠르고 끈질긴 생명력을 가진 동물도 흔치 않다고 합니다.
쥐처럼 '다복'하고 끈질기게 '건강한 생명력'이 넘치는 한 해 되길 빌겠
습니다.

무자년 1월 1일
김서곤 드림

2008년 한 해를 마무리하고
2009년 기축년을 맞으며

불황과 희망에 대하여

단군 이래 지난 5000년 동안 우리가 이렇게 풍요로운 삶을 영위한 적은 없었습니다. 요즘 세대에겐 보릿고개 등 궁상과 가난은 이미 떨쳐버린 옛날이야기일 뿐입니다. 그러나 오르막이 있으면 내리막이 있는 법, 항상 더 좋아지리라는 착각에서 깨어나 이제 눈높이를 낮추는 훈련이 필요한 상황입니다. 대폭락의 시기를 누구보다 두려워하고 못 견디는 사람은 거품 시기에 소비수준을 높여놓은 사람들입니다. 흔히 '검소한 삶'을 도덕적 교훈으로 치부하지만, 끊임없이 반복되는 불황과 호황기에도, 우리 인생의 부침의 파고 속에서도 살아남는 '현실적 교훈'이라 하겠습니다.

2008년 '올해의 사자성어'로 《교수신문》은 '호질기의護嫉忌醫'를 선정했습니다. 호질기의는 "병을 숨기면서 의사에게 보이지 않는다"라는 말로, 문제가 있는데도 다른 사람의 충고를 꺼려 듣지 않는다는 뜻이라고 합니다.

(중략)

이어서 미국산 쇠고기 협상 타결이 졸속 협상이라는 비난으로 인터넷을 중심으로 why not 세대(신세대) 사이에서 '광우병 공포'로 촉발된 촛불 집회가 확산되면서 승자는 없고 패자뿐인, 온 국가 온 국민이 상처뿐인, 잃은 것뿐인, 아까운 3~4개월의 시간만 낭비했습니다. 구세대가 신세대와 생각의 차이를 좁히고 어떻게 '소통communication'해야 되는지 우리에게 던져진 과제라 하겠습니다.

7월에 금강산 관광객 총격 사망으로 남북 관계는 악화되고, 사회 각 분야에서의 물갈이·판갈이 논란으로 '좌파 청산' 명분과 '잃어버린 10년론' 등 이념 갈등 양상의 사회 분열과 실용주의와 선진화가 어떻게 연결되어야 하는지 헷갈리게 합니다.

9월 미국 4위 투자은행 리먼브라더스의 파산 보호 신청이 서브프라임 모기지 부실로 촉발된 금융 위기가 전 세계적으로 본격 확산되는 신호탄이었습니다. 유동성 위기가 실물경제로 번지면서 사상 초유의 불황이라는 위기가 전 세계 어느 지역을 가리지 않고 무서운 속도로 번져나가고 있습니다. 위기의 확산은 오늘도 진행형입니다. 월가의 잘난 인재들의 끝 모르는 탐욕으로 인한 '사회적 신뢰'의 붕괴가 얼마나 끔찍한 결과를 가져오는지 확인시켜줍니다.

(중략)

제 지난 1년은 큰 후유증 없이 건강을 회복하여 감사하고, 자기 성찰의 비교적 여유 있는 시간을 갖게 됨을 감사하고, 온 가족이 건강하고 각자 자기 일에 충실함에 감사하고, 내가 이루고자 했던 깃들을 턱없이 모자라게 이루게 해주심을 감사하고, "노병은 죽지 않고 사라질 뿐이다"라는 미국 맥아더 원수의 말을 묵상하게 해주심을 감사드립니다.

2009년은 내 생애 최고의 해가 될 것을 확신하고 또한 다짐해봅니다.

(중략)

지난해, '불황·위기'라는 단어가 온통 도배질을 했습니다. 기축년을 맞아 우리 함께 희망을 노래합시다. 지난 5000년 우리 역사를 돌아보면 언제 어렵지 않고 위기가 아닌 나날이 있었습니까? 그때마다 우리 민족은 고난과 위기라는 '걸림돌'을 '디딤돌' 삼아 오늘에 이르렀습니다. 임진왜란 때 이순신 장군은 "아직도 12척의 배가 남았다"라고 했습니다. 지금 우리에게 남아 있는 것은 너무도 크고 많습니다. 세계가 함께 겪고 있는 이 위기를 '디딤돌'로 선진 한국의 역사를 우리 후손에게 넘기는 절호의 기회라 확신합니다. 우리 민족의 내면에는 '걸림돌'을 '디딤돌'로 만들어가는 인자가 있다고 저는 확신합니다. 2009년 세계가 다시 우리의 기적을 보고 '코리아'에 '열광하는 한 해'가 되길 소망합니다.

2009년은 기축년, 소의 해입니다. 소는 근면하고 우직하고 끈기가 있는 동물입니다. 황새는 누런 새가 아니라 큰 새를 뜻합니다. 황소도 누런 소가 아니라 큰 소를 뜻합니다. 우리가 힘들다고 꿈의 크기까지 줄일 것은 없습니다. 소해에 황소처럼 '황꿈(큰 꿈)'을 품으시길 소망합니다.

기축년, '황소고집'으로 승리하는 큰 꿈을 이루시길 빌겠습니다.

건강하시고 '건강한 삶의 질'을 이룩하는 한 해가 되길!

기축년 1월 1일

김서곤 드림

시련과 질곡의 100년을 지나
2010년 경인년을 맞으며

소통과 웃음에 대하여

2009년 한 해를 돌아보면, 삶과 죽음 모두 자연의 한 조각일 뿐이요, 봄, 여름, 가을, 겨울 모두 자연의 한 현상이요, 희喜, 노怒, 애哀, 락樂 또한 우리 뇌 속 회로의 움직임일 뿐…….

2009년 시작과 함께 우리를 어둡게 했던 1월 20일 용산 참사에서부터 2월 16일 김수환 추기경님의 선종, 5월 23일 노무현 전 대통령 투신, 8월 18일 김대중 전 대통령 타계 등등. 그리고 연초부터 미국발 금융 위기로부터 전 세계를 불안하게 했던 경제 위기, 또한 미국 제조업의 상징 GM의 몰락, 신종 플루의 불안 등등 많은 사건·사고, 그러나 "이것 또한 지나가리라"라는 말과 같이 다 지나가고 나니 '그렇고 그런 한 해', '별것 아니기도 하고 별것이기도 한 한 해'였습니다.

개그 유행어 "니들 고생이 많다", "영광인 줄 알아, 이것들아." 키가 180센티미터가 안 되면 '루저', 즉 패배자라는 한 여대생의 말을 빌리면 난 영원한 '루저'일 수밖에 없고, 그러나 '귀티' 부럽지 않은 '싼티'로 망가져 오히려 발돋움하고, 결혼하면 '품절녀', '품절남'이 됐다가 이혼하면 '돌싱(돌아온 싱글)'되어 '이혼은 연예 활동의 무덤'이라는 징크스를 깨고 오히려 더 싱글 시절을 능가합니다. 나 또한 금년 연하장을 '에지 있게'

쓰고 싶은데 잘 안 되어서 지금 끌탕하고 있습니다.

이제 지난 한 해를 세월의 뒤안길로 보내고 다만 추억으로 간직할 뿐, 지난 일에 연연하고 매달릴 필요는 없습니다. 과거는 지울 수도 바꿀 수도 없는 것! 지난 일에 매달리고 앞으로 나가지 못하는 것은 우울증 환자의 몫으로 남겨두고 우리 모두가 앞을 보고 먼 미래를 향해 나아가길 소망합니다.

2010년은 의미 있는 해라고 합니다. 1910년 일본에 국권을 내준 경술국치의 해로부터 100년, 1950년 6·25 전쟁으로 동족과 형제끼리의 처참했던 살육과 파괴로 폐허가 된 지 60년 만에 경제 대국으로 우뚝 선 대한민국, 1960년 4·19 학생 혁명으로 민주화의 단초를 마련했던 때로부터 50년, 1970년 우리나라에 고속도로가 산업화의 단초를 마련한 지 40년, 1980년 광주 5·18 민주화 운동은 자유와 민주주의는 피로서 이루어진다는 가르침을 우리에게 준 지 30년 되는 해, 2010년입니다.

이제 시련과 고난의 100년을 보내고, 새 100년의 꿈과 희망을 노래합시다.

1911년 단 두 대였던 우리나라의 자동차, 이제 2000만 시대를 맞고 있습니다. 1950년 6·25의 잿더미를 딛고 경제 10위권의 국가로 올라섰고, 원조를 받던 나라에서 원조를 하는 나라가 된 것은 세계 역사상 처음이라고 합니다. IT와 조선은 세계 1위이고, 자동차·철강·화학 등 우리의 경쟁력은 막강합니다. 작년 세계경제의 불황에서 가장 빨리 회복하고 있는 나라, 이제 원자력발전소를 수출하는 나라…….

노벨 경제학 수상자 루카스 박사는 한국 경제를 "기적의 창출making a miracle"이라고 말합니다. 언젠가부터 우리의 '세계 1등'이 늘어나기 시작합니다. 이제 제조업 분야뿐만 아니라 골프, 야구, 빙상, 음악, 미술, 의학 등 많은 분야에서 우리 한국인이 두각을 나타내고 있습니다. 이는 '우골탑'과 '기러기 아빠의 희생'이 한몫을 했다고 하겠습니다.

미국 오바마 대통령이 폴 크루그먼 교수 등 미국의 10대 경제학자를 백악관에 초청했는데 열 명의 경제학자가 모두 유대인인 것을 뒤늦게 알아채고 웃으면서 "역시 교육이 관건"이라고 결론지었다고 합니다. 오바마 대통령은 우리 한국의 교육과 교육열에 몇 번씩 관심을 표하기도 했습니다.

그러나 세계적인 석학 프랜시스 후쿠야마 교수는 1995년 저서 《트러스트》에서 한국을 '저신뢰 사회'로 꼽으면서, 신뢰 기반이 없는 나라는 '사회적 비용'이 급격히 커져 선진국의 문턱에서 번번이 좌절하게 될 것이라고 역설했습니다. 오랜 세월이 지났지만 우리 한국이 선진국의 문턱에 머물러 있는 것은 후쿠야마 교수의 이론을 입증하는 듯해 안타깝습니다. '사회적 자본', 즉 '신뢰'가 빈곤한 우리 사회 현상은 지표로도 입증되고 있습니다.

지난해 세계 가치관 조사WVS에서 한국인들은 "타인을 믿느냐"라는 질문에 28.4퍼센트가 '그렇다'라고 답했는데, 스웨덴·덴마크 등 선진국은 70퍼센트가 그렇다고 답했다고 합니다. OECD 국가 평균인 39퍼센트와도 턱없이 격차가 크고, 1인당 국민소득에서 우리보다 훨씬 뒤진 인도·인도네시아·파키스탄도 신뢰 수준은 우리보다 높습니다. 더욱이 정부에 대한 우리 한국인들의 신뢰는 11.3퍼센트로 더 형편없습니다. 이제 우리는 '신뢰'라는 '사회적 자본'을 확충해야 합니다.

사회적 자본을 확충하기 위해선, 첫째, 남과 나의 다름을 인정하는 '관용'이 있어야 합니다. 둘째, 강자의 약자에 대한 배려, 승자의 항상 짠하고 아쉬운 마음의 '포용력'이 있어야 합니다. 셋째, 열린 마음, 열린 사회, 즉 '사회적 소통'이 있어야 합니다. 이것이 이뤄지는 우리 대한민국을 소망합니다.

(중략)

2009년 나의 선언 목표는 '용서'와 '감사'와 '감탄(칭찬)'이었는데, 그중 가장 잘 안 되는 것이 감탄이었습니다. 아마도 험한 세월을 지내오면서 정서가 메말라 흥이 살아나지 않는 것 아닌가 반성해봅니다.

2010년 나의 선언서는 '너무나 당연하다고 생각한 것들과의 이별'로 잡았습니다. G 세대(집단적 가난을 체험하지 않은 세대)의 사고로 가치관, 즉 사는 이유와 살아갈 방법과 이루고자 하는 목표를 다시 정립하려고 합니다.

지난 12월 3일이 우리 부부의 40회 결혼기념일이었습니다. 그날 밤 우리 부부는 '앞으로 40년 후 동반 나그네 길을 되돌아보면서 후회 없는 80회 결혼기념일이 되도록 해주시길' 기도했습니다(욕심이 너무 많다고요?).

일흔이 넘어 나이 안 먹는 방법은 나이 의식할 필요가 없다는 생각입니다.

㈜솔고는 작년에 구성원들에게 공모하여 사훈을 "웃으며 밥값 하

자"로 바꿨습니다. 의미는 이렇습니다. '웃음'으로 '나를 바꾸고', '우리를 변화'시키고, '사회를 변화'시킨다. '밥값' 하여 '내 값을 키우고', '고객님들께 최상의 가치를 드리며', '사회에 기여'한다.

사내 구성원 중 150여 명이 웃음 치료사 자격을 취득했고, 금년 말이면 전 솔고 구성원이 자격증을 갖추게 될 것입니다. 웃음으로 우리 구성원들을 변화시킬 뿐만 아니라, 마케팅에도 웃음을 도입하여 고객님들과의 '관계 우선'을 최고의 마케팅 지침으로 삼고 있습니다.

(중략)

옛말에 "호랑이에게 물려가도 정신만 차리면 산다", "호랑이를 잡으려면 호랑이 굴에 들어가야 한다"라고 하는데, '하얀 호랑이 해'를 맞아 백호 위에 올라타고 정신 바짝 차려 호랑이 굴에 들어가 '대박'을 낚는 한 해가 되길 간절히 소망합니다.

지난해 ㈜솔고와 저 개인에게 도움과 충언과 위로를 주신 모든 분께 진심으로 감사드립니다.

경인년, 60년 만에 맞는 '백호의 해', 예로부터 호랑이 꿈은 길조라고 하는데, 호랑이 꿈 꾸시고 항상 건강하시길!

경인년(단기 4343년) 1월 1일

㈜솔고 김서곤 드림

2001년, 21세기 첫 10년을 보내고
둘째 10년 신묘년을 맞으며

다름과 틀림에 대하여

산토끼 토끼야 어디로 가느냐? 깡충깡충 뛰면서 어디로 가느냐. 내가, 우리가, 우리나라가, 세상이 어디로 가느냐고 묻고 있는 것 같습니다.

누구나 시작은 항상 설레고 끝은 아쉬움이 남는 것. 그러나 금년, 신묘년 시작의 설렘은 우리 모두에게 뿌듯한 결실의 한 해가 되길 간절히 소망합니다.

'레알' 숨 가쁘게 살아온 경인년! 삶의 무게가 우리 모두를 더욱 짓누르는 한 해였던 것 같습니다. 그래도 '잉여'의 해는 아니었을 것입니다. 저는 '루저'이기도 하고 '용자'이기도 했던 한 해였습니다. 돌아보면 '돋네'의 지난 10년이기도 했습니다.

야후 코리아가 발표한 '2010년 누리꾼 사이에서 가장 많이 회자된 인기 검색 신조어 1위는 '레알'로 '정말'을 뜻하는 영어 '리얼^{real}'을 철자 표기대로 발음한 것이고, 아무 쓸모 없는 것이라는 뜻인 '잉여'가 2위, 3위는 패배자 혹은 키 작은 남자라는 의미로 사용되어 파문이 일었던 '루저^{loser}'가 차지했습니다. 용기 있는 사람을 가리키는 '용자', 소름 돋는다는 뜻의 '돋네', 그리고 애드리브를 줄인 말 '드립', 차가운 도시 여자를 줄인 말 '차도녀' 등이 10위권 안에 들어온 신조어라고 합니다.

놓친 물고기는 모두 월척이라고 합니다. 지난해 얼마나 많은 월척을 놓치셨습니까? 놓친 것이 월척이 아니고 피라미라고 생각하면 우리들의 삶의 무게가 한결 가벼워질 것입니다. 수도원과 감옥의 차이는 그 안에 있는 사람의 '마음가짐'이라고 합니다. 다가오는 신묘년 우리 모두의 삶의 무게가 솜털처럼 가벼워지는 한 해가 되길 소망합니다.

〈손석희의 시선 집중〉에서 '올해의 말말말'의 일부.

"메달리스트만 앉히는 더러운 세상"……'일등만 알아주는 더러운 세상'

"삼겹살로 상추 싸 먹을 판이다"……삼겹살 500g 9,067원, 상추 500g 1만 1,290원

"방귀도 뀌지 맙시다"……G20 동안 음식물 쓰레기 배출을 자제해달라는 권고에 대한 네티즌의 말

"오해의 뜻을 오해하고 있는 건 아닌가"……자연산 성희롱 발언에 대한 오해

새해 첫 아침 "2011년 한국인이여 행복하라"라는 기사로 《조선일보》와 여론조사 기관 한국갤럽·글로벌 마켓인사이트가 세계 10개국 5190명을 대상으로 '행복의 지도'를 조사한 결과입니다.

"나는 매우 행복하다." → 브라질 57%, 한국 7%

"다른 나라에서 살고 싶다." → 미국 11%, 한국 37%

"공교육 못 믿겠다." → 핀란드 6%, 한국 57%

"꼭 조국에서 아이 낳고 싶다." → 한국20%(10개국 중 꼴찌)

"대통령은 권력을 휘두르는 사람이다." → 핀란드 3%, 한국 30%
"정치인은 분쟁을 일삼는 사람이다." → 9개국 13%, 한국 45%

우리나라의 GDP 성장이 1960년대에 비해 250배로 단연 세계 최고 기록이라고 합니다. 그러나 삶의 만족감은 10점 만점에 OECD 평균이 6.7이지만, 한국은 5.7이라고 합니다. 잉글하트의 세계 가치관 조사에서도 우리 한국의 물질주의는 미국의 세 배, 일본의 두 배라고 합니다. 숨 가쁘게, 모질게 살아온 우리 한국인, 깡으로 일해온 한국인, 맨땅에 헤딩 해서 이만큼 온 것은 참으로 기적입니다만, 이제 우리가 우리를 돌아보고 한숨 돌려 삶의 의미를, 우리의 가치관을 생각해볼 때가 아닌가 합니다.

지난해 교수들이 뽑은 사자성어로, 감춰진 진실은 밝혀진다는 뜻의 '장두노미藏頭露尾'가 선정됐습니다. 해마다 발표된 사자성어를 보면서 우리 사회의 생각이, 우리의 삶이 너무 정치에만 매몰되는 것이 아닌가 하는 염려를 해봅니다.

우리 사회, 특히 우리 정치는 '다름difference'과 '틀림wrong'을 혼동하는 것 같습니다. 우리나라 인구가 5000만이라지만, 모두가 다 서로 얼굴이 다릅니다. 하루에 오만 가지 생각을 하는 우리들의 생각이 모두 다릅니다. 그러나 우리는 때때로 생각이 서로 '다름'을 '틀림'으로 오인해서 내 생각이 옳고 네 생각이 틀리다고 합니다.

다만 생각이 다를 뿐입니다. 다름을 인정하는 사회로, 너와 나의 생각이 다르다는 것을 인정하려면 바로 서로 간의 소통이 되어야 합니다.

소통한다는 것은 서로의 생각을 이해한다는 것이요, 이해understanding 하는 것은 바로 나를 낮은 데로 임하게 한다는 것입니다. 서로가 이해할 때 설득이 가능해지고, 또한 공감대가 형성될 수 있겠습니다. 다름을 인정하고 소통하려는 자세가 우리 사회에, 특히 우리 정치권에 너무 부족하다는 생각을 해봅니다. 요즘 소통의 문제가 화두가 되는 이유이기도 합니다.

(중략)

2020년까지 우리나라 전 가정의 침상 위에, 그리고 전 세계인의 침대 위에 '소프트 온돌' 1000만 장을 올리도록 '온돌 문화의 세계화'에 우리의 열정과 집념을 총집결하는 원년이 되게 할 것을 다 함께 다짐합니다.

제 '마눌님' 왈 "당신은 철이 없는 사람"이라고 합니다. 좋게 말하면 '젊게 산다'는 의미요, 나쁘게 말하면 '나잇값 못한다'는 말일 것입니다. 실제로 애당초 칠순 잔치를 할 생각은 없었지만, 어느 날 마눌님이 "당신 칠순이 작년이었네"라고 말해서 제가 칠순이 넘었다는 것을 알았습니다.

제가 토끼띠, 즉 기묘생이요, 금년이 신묘년 토끼해이니 한 갑자 돌아서 다시 한 간지를 돌아왔습니다. 음력으로 생일이 12월이어서 기묘생이면서도 양력으로는 1940년 1월생이니 자꾸 헷갈리기만 합니다. 그러나 헷갈려서 철이 없는 인생을 사는 것이 저는 행복하고 즐겁습니다.

(중략)

이제 신묘년 토끼의 해! 귀를 쫑긋 세워 세상 돌아가는 소리를 재빨리 알아채고 발 빠르게 행동할 줄 아는 해가 되기를 소망합니다.

나누고 베푸는 것에 인색하지 않고 항상 따뜻하며, 제 얼굴에, 제 말에 책임지는 사람이 되고, 항상 배움이 즐겁고, 새로워지며, 삶이 재미있고, 감사와 감동이 가득한 한 해이길 소망합니다.

지난 한 해 동안 (주)솔고바이오메디칼과 저에게 보내주신 관심과 배려에 감사드립니다.

살아갈수록 건강이 가장 중요하다는 것을 실감합니다. 모두 건강하시길 항상 빌겠습니다. 감사합니다.

2011년 1월 1일

(주)솔고 김서곤 드림

2011년을 보내고 2012년 임진년을 맞으며

멘붕과 헬스에 대하여

길몽吉夢 중에 길몽이 용꿈이라는데, 신년에 용꿈 꾸셨습니까? 아직이라고요? 염려 마십시오. 금년 중 아무 때나 어떤 꿈을 꾸든 '용꿈' 됩니다.

《교수신문》은 2011년을 대표하는 사자성어로, 자기 귀를 막고 종을 훔친다는 뜻의 '엄이도종掩耳盜鐘'을 선정했습니다. 2010년은 감춰진 진실은 밝혀진다는 '장두노미藏頭露尾'였고, 2009년은 그릇된 수단을 써서 억지로 한다는 '방기곡경旁岐曲徑'이었는데, 지난 3년간 그 흐름의 맥이 이어지는 것 같아 안타깝습니다.

(중략)

지난해를 되돌아보면 국내외적으로 어느 해보다 더 다사다난했습니다. 일본의 대지진과 방사능 유출, 아랍권의 재스민 혁명, 유럽 존 위기, 그리고 월가 시위 등의 문제는 아직도 진행형이고, 그 끝을 알 수 없다는 것이 우리를 불안하게 합니다. 국내에서는 평창 동계올림픽 유치, 우리 해군의 소말리아 해적 소탕 작전 성공, 해외에서의 케이팝 열풍 등 좋은 일도 많았습니다. 하지만 구제역으로 인해 전국 축산 농가가 초토화되었고, 영화 〈도가니〉가 전국을 들끓게 만들었고, 무상 급식으로 인한 서울시장 재보선과 함께 박원순 시장이 취임했고, 안철수 신드롬의 등장으로 논란이 끊이질 않았습니다.

그러나 국내외에 걸쳐 가장 큰 이슈는 지난 연말의 김정일 사망과 그 후의 과정이 이 순간도 '현재진행형'이라는 것입니다. 또한 우리나라뿐만 아니라 세계 주요국의 리더 교체가 맞물리면서 정치적·경제적·환경적 불확실성에 불안감 등 예기치 못한 '검은 백조Black Swan'가 늘어나고 있습니다.

지난해 온 국민의 '멘붕'이라고 하겠습니다. '멘붕'은 지난해 최고의 유행어인데 '멘탈'과 '붕괴'를 합성한 말로, 당황스러운 일이 터지거나 평소와 같은 정상적인 정신 상태가 아니라는 것입니다. 작년 네티즌들이 입에 달고 살았던 유행어로, 게임이 잘 안 될 때 쓰기 시작한 것 같습니다.

(중략)

한 손에 가시 들고 / 또 한 손에 막대 들고 / 늙는 길 가시로 막고 / 오는 백발 막대로 치렸더니 / 백발이 제 먼저 알고 지름길로 오더라.

— 우탁(고려 후기 유학자)

아무리 발버둥 쳐도 늙는 길 막을 수 없고, 오히려 순응하며 살아야겠다는 생각을 합니다. 그러려면 내면의 성찰에 많은 시간을 들여야겠습니다. '생각과 학습'에 하루 4시간 이상을 할애하려고 합니다. 한순간도 저 자신을 정화시키는 노력을 게을리하지 않겠습니다.

'미·용·감·사'라는 시냅스를 뇌신경 출입구에 설치하여 생각이 들고 나는 것, 말의 모든 표현이 이곳을 지나도록 하려고 노력하고 있습니

다. '미·용·감·사'는 '미안합니다, 용서합니다, 감사합니다, 사랑합니다'
입니다.

헬스케어 1.0 시대는 전염병 예방의 시대, 헬스케어 2.0 시대는 기대
수명 연장의 시대, 헬스케어 3.0 시대는 건강 수명 연장의 시대라고 합
니다.

이제 '기대 수명 100세' 시대를 넘어, 젊고 건강하게 장수하는 '건강
수명 100세'의 방법은 없을까? 바로 우리 솔고가 드립니다. 솔고로 오
세요! 건강 수명 100세를 원하시면. 그래서 우리 솔고의 미션이 "우리
는 세상을 웃게 한다"입니다. 웃음 운동을 시작한 지 4년이 지났습니
다. 본사의 총 167명 중 162명이 웃음치료사 2급 자격을 획득했습니다.
"웃으면 복이 와요"라고 합니다. 이제 5년차 웃고 있으니 큰 복이 들어
올 것을 확신합니다.

세계보건기구의 발표에 따르면, 건강한 사람은 5퍼센트, 아픈 사람,
즉 환자가 20퍼센트, 그리고 나머지 75퍼센트가 미병(반건강인)이라고
합니다. 병원은 오직 진단하고 투약하고, 안 되면 수술 치료가 전부입
니다. 건강한 사람, 미병, 환자, 모두 기본적으로 꼭 필요한 것은 자연
치유력Self-healing Power, 즉 면역력입니다. 환자나 미병자나 건강한 사람
이나 면역력이 최적 상태라야 건강해질 수 있습니다.

건강한 사람을 건강하게 하고 미병자는 병이 나지 않게 하는 것이 환
자 치료 못지않게 중요해지는 시대, 이것이 '건강 수명 100세', 즉 '헬스
케어 3.0 시대'인 것입니다. 3.0 시대에 맞춰 우리 솔고는 바로 면역력을

높일 수 있는 '제품'과 '서비스'를 개발하고 제공하고자 합니다.

(중략)

용은 비상과 희망의 상징이라고 합니다. 2012년은 우리 모두 용꿈 꾸고 '개천에서 용 나는' 사회가 되기를 소망합니다. 여의주를 물고 하늘로 승천하는 용처럼 모두 높아지시고 대박 나시길 빌겠습니다. 그리고 건강하십시오.

2012년 1월 1일

㈜솔고 김서곤 드림

온돌, 그 위대한 비밀

40년간 의료 분야에 종사하며 처음으로 올해 아호雅號를 온돌溫突이라 지었다. 따뜻함이 솟구치는 삶을 살고 싶다는 소망과 아울러 우리 민족의 우수한 문화인 온돌의 세계화를 위한 밀알이 되고 싶다는 간절한 꿈을 담았다.

사람의 생명에너지는 곧 열에너지이다. 우리의 체온은 조금만 높아도 안 되고 낮아도 안 된다. 적정한 체온, 즉 열에너지를 유지하는 것이 곧 건강 관리다. 건강 관리는 체온 관리이며 체온 관리가 곧 건강 관리다.

체온을 관리하는 데 있어 가장 좋은 장치가 바로 온돌이다. 온돌은 따뜻한 돌이 아니라 따뜻함이 솟구치는 장치다. 온돌이 열을 저장, 방출하는 방식은 다른 난방장치와는 구조가 전혀 다르다. 우선 아궁이에 불을 가열한다. 이렇게 가열된 불은 탄소터널인 고래를 통해서 방바닥에 축열蓄熱된다. 이렇게 축적된 열은 전도와 대류와 복사에 의해서 우리 몸에 전달된다. 탄소터널과 방바닥을 거치면서 숙성된 열은 불에서 직접 가열된 열과는 다른 열로서 사람의 몸과 마음을 따뜻하고 편안하게 해주며 몸속 깊숙이 전달되어 생명에너지를 활성화시키는 건강한 열, 즉 느낌이 다른 열이 된다. 흔히 온돌을 난방장치로 이해하는데 사실은 난방장치를 넘어 체온을 조절해주는 체온 관리 시스템이다

나는 우리 민족의 우수한 문화를 발효 문화와 비빔밥 문화 그리고 온돌 문화라고 했다. 그런데 이 온돌은 열을 발효시켜서 따뜻함이 나오는 즉, 열을 숙성시키는 장치이다. 이러한 숙성열 장치는 세계 어떤 나라의 난방장치에서도 찾아볼 수 없는 한국 고유의 문화이며 인류 건강에 가장 중요한 장치라고 생각한다. 이것이 우리가 몰랐던 온돌의 위대한 비밀이다. 나는 이 위대한 온돌 문화의 세계화를 위한 밀알이 되고 싶다.

건강 관리는 체온 관리이고 체온 관리는 온돌 시스템이다.

잠시 숨을 고르며

휴먼큐브에서 강소기업 시리즈를 기획하며 그 첫 번째로 솔고를 선정했다고 연락이 온 것이 올 3월이었다. 원고와 씨름하며 보낸 시간이 벌

써 6개월이 지났다. 6개월을 씨름하며 쓴 원고를 보니 이런 졸저拙著를 세상에 내놓아도 되나 싶은 걱정이 앞선다. 다만 글을 쓰며 나만의 추억 여행을 떠날 수 있어 좋았다. 그동안 앞만 보고 달려오다가 잠시 숨을 고르며 과거로 돌아가 보니, 그때는 몰랐던 것을 이제야 깨닫게 된 것도 많다. 마치 재미있게 본 영화를 한참 후 다시 보면 처음에 볼 때는 모르고 지나쳤던 장면을 새삼 발견하듯이, 나도 과거의 사건 속에서 새삼스레 발견했던 장면들이 떠올랐다. 그러면서 내 자신을 한 번 정리할 수 있는 시간이 되었다.

'석빙고 아이스케키'가 유행하던 해에 아이스케키를 팔아보겠다고 아무런 준비 없이 집을 나섰던 날, 우여곡절 끝에 청계천 아이스케키 집에서 그날로 통을 메고 장사를 시작했다. 그러면서 청계천 다리 밑 생활이 시작되었는데, 경기도 시흥 집까지 오갈 수 없었기에 그곳에서 먹고 자며 돈을 벌었다. 그렇게 3개월 가까이 장사를 해서 당시 쌀 두 가마니를 살 수 있는 돈을 모아 의기양양하게 집으로 돌아왔다. 그때 어머니께 자랑스레 모은 돈을 드렸는데, 어머니는 기뻐하시기보다 하염없이 눈물을 흘리셨다. 나는 그때 어머니가 왜 우시는지를 정확히 몰랐다. 감격해서였는지, 서러워서였는지…….

그때만 해도 전화도 없었고 교통수단도 없었다. 내 딴에는 집을 나가서 한 달이고 두 달이고 연락 없어도 대수가 아니라고 생각했다. 그런데 지금 생각해보니 어머니는 내가 죽었는지 살았는지조차 모르는 상태에서 매일같이 애간장을 태우시며 밤잠 못 이루셨을 것이다. 칠십이 넘어 이제야 이 불효자는 웁니다…….

내 아내 김대순 장로님!

당신 이야기를 쓰려다 보니 당신의 자리가 너무 커서 쓰다 보면 솔고 보다, 내 이야기보다 클 것 같아 아예 당신의 이야기는 하지 않았습니다 (아마도 당신의 빛이 나를 가릴 것 같아서……). 언젠가 한 번 당신의 위대한 이야기를 하고 싶습니다. 여보, 정말 사랑해. 그리고 함께 살아줘서 감사해.

강소기업 프로젝트 기획 의도

휴먼큐브 편집부

세상에는 같은 사람이 한 명도 없습니다. 마찬가지로 그만큼 다양한 회사가 존재합니다. 그런데 뉴스와 신문을 보면서 사람들이 생각하는 것은 비슷합니다. '열심히 공부해서 대기업에 입사해야지.' '국가 브랜드를 높이는 것은 역시 대기업이야.' 개인에 따라 차이는 있겠지만, 직장인이나 구직자뿐만 아니라 많은 사람이 그렇게 생각합니다. 하지만 정말 그럴까요? 아울러 한 방향으로만 흐르는 것이 과연 우리 사회 발전에 이로울까요? '강소기업' 프로젝트는 이런 질문에서 출발했습니다. 대기업과 중소기업의 상생과 협력이 그 어느 때보다 중요시되고 있습니다. 그러나 현실은 그렇지 못한 것 같습니다. 강자는 강하고 약자는 여전히 약하고, 그런 불합리해 보이는 경쟁 환경에서 힘내어 생존하고 있는 기업들을 찾았습니다.

작지만 강한 기업, 틈새시장을 놓치지 않고 틈새시장을 넘어선 경쟁력과 비전을 갖춘 기업이 많이 있음을 조사를 통해 알게 되었습니다. 그리고 놀랐습니다. 우리는 어쩌면 한 단면만을 보고 섣불리 판단했을 수도 있겠다 싶었습니다. 그래서 강소기업을 잘 모르는 이들에게 알리고 싶었습니다. 강소기업의 생존 방법이 어쩌면 우리네 사는 모습과 다르지 않다고 생각합니다. 강소기업의 CEO가 기업을 경영하는 모습, 경쟁력을 갖춰 생존하는 점, 끊임없이 혁신하고 체질 개선을 통해 비전을 실현하는 것 등에서 우리 삶이 보였습니다. 이를 통해 비단 한 개인이 이끄는 기업에서 그치는 것이 아니라 우리 삶에 작은 공감과 교훈을 얻을 수 있는 지점이 있겠다는 확신이 생겼습니다.

이렇게 강소기업 시리즈는 기획되었습니다. 그중에서도 첫 번째로 소개할 기업은, 김서곤 회장이 이끄는 솔고입니다. 평균수명이 늘어가고 의학이 발달함으로써 '건 강한 삶'은 우리 모두의 화두가 되었습니다. 솔고는 첨단 의료공학에 대한 신념으로 꾸준한 연구 개발 투자와 인재 육성에 힘썼고, 100퍼센트 외국 수입품이었던 국내 외과용 수술 기구의 판도를 바꾸었습니다. 그리고 생체용 임플란트에 이어 전통 온돌 효과를 접목한 온열 매트까지 연구 개발을 멈추지 않고 있습니다. 그리하여 아시아·태평양 지역 최우수 헬스케어 기업, 정형외과 의사들이 가장 신뢰하는 의료 기기 기업 1위로 선정됐습니다. 솔고는 의료 기기 제조업체에서 의료 전문 서비스를 제공하는 업체로 친환경 문화를 선도하고 있습니다. 이처럼 21세기 국민 건강과 웰빙 문화에 앞장서는 경쟁력과 비전을 갖춘 기업이기에 강소기업의 첫 번째를 장식하게 되었습니다. 솔고가 걸어온 길, 나아갈 방향과 창업주 김서곤 회장의 경영 철학이 주는 울림은 우리에게 깊고 넓게 다가올 것입니다.

작지만 강한 기업, 바로 솔고입니다.

누구나 저마다의 실패를 안고 산다

© 김서곤 2012

1판 1쇄 2012년 10월 29일
1판 4쇄 2012년 11월 28일

지은이 김서곤

펴낸이 강병선
편집인 황상욱

구성 이준엽 **디자인** 백주영 **사진** 김호근 **교정** 서영의
마케팅 이숙재 **온라인 마케팅** 김희숙 김상만 이원주
제작 서동관 김애진 임현식 **제작처** 영신사

펴낸곳 (주)문학동네
출판등록 1993년 10월 22일
임프린트 휴먼큐브

주소 413-756 경기도 파주시 문발동 파주출판도시 513-8 2층
문의전화 031-955-1902(편집) 031-955-3578(마케팅) 031-955-8855
전자우편 forviya@munhak.com **트위터** @forviya

ISBN 978-89-546-1953-0 03320

■휴먼큐브는 문학동네 출판그룹의 임프린트입니다. 이 책의 판권은 지은이와 휴먼큐브에 있습니다.
■이 책 내용의 전부 또는 일부를 재사용하려면 반드시 양측의 서면동의를 받아야 합니다.

www.munhak.com